藍學堂

學習・奇趣・輕鬆讀

ETF
實戰週記

施昇輝—著

樂活大叔的
52個叮嚀

推薦序
君子愛財，取之有道

文｜黃大米　（作家）

　　某天有個廠商的行銷人員跟我說，「大米，你幫我問一下施昇輝老師的聯絡方式，我們想找他演講。」我知道這家廠商向來大方，在演講費上應該不會虧待施老師。後來才知道，施老師拒絕了這場演講邀約，該廠商的行銷說：「施老師不想要在演講現場擺放我們的商品，也不肯在演講的休息時間讓我們公司的人穿插介紹產品跟發 DM，所以我只能繼續找其他人了。」聽到施老師因為不想要演講上有商業活動介入，選擇跟白花花的鈔票說「不！」。我內心深感佩服，覺得他真是「君子愛財，取之有道」的人，對於自己的原則很清楚。

　　錢是很好的照妖鏡與人品的試金石。光從這小事情上就可以看出，施老師的人品經得起金錢的考驗，他絕對不會為了錢胡言亂語騙人。

　　為什麼我這麼在乎財經專家跟分析師的人品呢？因為我在當記者時，採訪過一些分析師，有些分析師確實很有料，但有些分析師對於個股或者趨勢的說法，都讓我有很多問號，甚至沒隔幾年，這些知名分析師就因為炒股坑殺投資人而入獄。也由於我近身接觸這

些股市老師，看過他們在鏡頭前面穿著體面、意氣風發殺進殺出股海的一面，以及後來鋃鐺入獄後的不堪，讓我對很多財經專家與分析師的建議都抱持著懷疑的態度；因為人品不好就容易走歪，天知道這些老師信誓旦旦的背後，有沒有一隻黑手在操弄大家。

　　一個可以被金錢收買走良心的股票老師，推薦出來的東西能相信嗎？我感到非常懷疑。也因此，當我側面得知施昇輝老師能堅持演講不涉入商業之後，我就覺得這個人推薦的金融商品，應該是真心的，而不是財團收買的炒手。

▌安心買好股

　　後來，跟施老師接觸多了，對於他簡樸的生活方式，更感到驚嘆。以他的高知名度，他居然還會上網去賣二手襯衫，跟陌生買家面交，甚至能因為把不要的物品變回一點點小錢感到喜悅、自豪。這種踏實的生活方式，讓我知道施老師走偏的機率應該不高。他常掛在嘴邊的一句話是「這樣夠了，可以了。」對比當今社會的主流價值追求多多益善，他的知足與不貪求，也讓他對於投資懂得設下理性的策略。看他的書跟著學習他的理財心法，你絕對不可能買到飆股或者一夜發大財，但你能透過時間的力量，看到積沙成塔、積少成多的力量。

　　再分享一個小故事。有次，跟施老師錄音完，我們一路聊天，我問他：「等等要去哪？」，他神情愉快地說，「我要去前面的社

區大學。」我以為他是去當老師，沒想到他是去當學生。「我要去報名社區大學的課程，有個課程很不錯啊，我要去學一下，聽人家上課，蠻好的。」當時，施老師已經在台藝大就讀電影研究所，課業之外居然還要再去學習新東西，而且是一臉樂在學習的興致勃勃神情，彷彿前方有新大陸可以讓他發現，這讓只急著想回家睡覺的我感到汗顏。

由這些小故事，你可以窺知施老師的生活態度與個性，他不曾因為名利而沖昏了頭，非常樸實的生活著。一個樂在學習生活簡樸的人，他書裡面的文字，都是真心真意，值得你好好參考。

以上是我看到、接觸到的施昇輝老師，句句屬實。希望透過我的側面觀察，你能更安心地買下這本理財好書。

目錄

自序

從來沒有人跟我要過對帳單

我在 2021 年的第一天，開始寫下這本實戰週記的第一篇，並發表在「方格子」訂閱網站中自己的專欄《小資幸福講堂》裡，然後維持著每週五寫一篇的紀律，忠實地記錄下來當週的投資心得。這些內容都與當週股市的脈動有關，並配合自己的實務操作，希望能給讀者最即時的叮嚀。

這本實戰週記的最後一篇，則完成於 2021 年的最後一個交易日。總共寫了 52 篇，就如同我給讀者的 52 個叮嚀。我不喜歡稱它們是「建議」，而喜歡用「叮嚀」這兩個字，因為這樣比較有溫度、有心意，如同鄰家大叔一樣。

我的理財講座，曾被很多聽眾說「如沐春風」，所以我也希望我的文字，一樣能給讀者相同的感受。

▋ 思考邏輯比對帳單重要

雖然這些都是過去的紀錄，但一整年的股市起起落落，有時急漲，也有時急跌，有激情之時，也有沉悶之時，各種狀況都曾發生，未來也應該都會一再重複，所以還是可以提供大家在爾後操作時的一個借鏡。

實戰紀錄，或許會被某些讀者要求拿出對帳單來證明。不過，我覺得沒有必要。

原因之一是，就算各位看到我的進出明細，也不可能在未來完全複製，還不如我將每一次進出的思維用文字呈現出來，應該更有參考性。

原因之二是，用我的方法只有賺多賺少的問題，還從來沒有人在我的臉書粉絲專頁「樂活分享人生」中抱怨賠錢過，也從來沒有人說我只會在事後吹噓，所以真的沒有任何網友跟我要過對帳單。

▍買股三招

我的方法非常簡單，就只有三招：

一、只買 0050 和 0056。

二、0056 賺股息。隨時都可買，買了忘記它。

三、0050 賺價差。在日 K<20 的時候買進，在日 K>80 的時候賣出。

這三招為什麼可以保證長期一定賺錢？這時，建議要先看我的另一本書，也是由商業周刊出版的《只買 4 支股，年賺 18%》，就

能理解原因了。

如果另一本書是「教戰守則」，你現在手上的這一本書就是「實戰操演」了。

已經看過另一本書的讀者，建議該再拿出來複習一下，應當更能理解這本書在實務背後的操作邏輯。如果沒看過另一本書的讀者，更該買來看，然後透過兩本書的對照，才能體會這三招的真正精髓。

我在一整年的操作中，除了 0050、0056 之外，也曾買過當時正紅的台積電，並示範了如何利用適時進出，來降低持股成本，藉此分享個股操作經驗給投資新手。甚至在年底時，還首度「大膽」建議可以短線進出衍生性的 ETF（元大台灣 50 反 1，股票代號 00632R）。

此外，網友常問起其他的 ETF，我雖然沒買過，但也透過這些文章，提出我對一些新上市的 ETF 的看法。這本書的編輯，為求客觀完整，也在本書中增加了這些 ETF 的相關基本資料，提供給讀者們參考。

我絕對無意說，大家只能買 0050、0056，只是因為這兩支最具代表性，甚至被投資人稱為「國民 ETF」，所以就無須花很多篇幅介紹。如果各位讀者想買其他的 ETF，就請自己好好研究，然後找到最適合自己的標的。

這本書是我在 2021 年的投資實戰總整理，未來也會繼續照這

個紀律寫下去。如果你想即時得到我的叮嚀，也歡迎到「方格子」網站，訂閱我的專欄《小資幸福講堂》（https://vocus.cc/happiness_course/introduce），這樣就能持續掌握我的最新看法。

前言
我為什麼只買 0050、0056 ？

　　股神巴菲特對一般投資大眾的建議非常簡單，就是別再選股，只要買指數型基金（ETF）就好了。

　　ETF 是以「複製」大盤為重點，但大家習慣買的一般股票型基金，卻是以「打敗」大盤為目標。不過，根據國外一項長期的研究顯示，一年之內有 60% 的基金輸給大盤，十年之內有 70% 的基金被大盤打敗，若拉長到二十年，則有 80% 的基金不敵大盤。

　　連擁有龐大研究團隊，又這麼專業的基金經理人，他們的績效大部分都輸給大盤，為什麼一般投資人還奢望自己能打敗大盤呢？

　　大家都知道，股市投資人十之八九都是賠錢的，只要你的績效跟大盤漲幅一樣，你已經是股市的勝利組了。大盤走跌時，ETF 雖然也會同步下跌，但至少跌幅等同大盤，還是贏過絕大多數的投資人。

　　每一個投資人在踏入股市時，都是信心滿滿，也不甘願自己的績效只跟大盤一樣，甚至相信自己能成為少數在股市獲利的贏家。我早期也不例外，但在股海浮沉一、二十年後，我決定認命了。**當你認命了，其實就能賺到錢。**

關於 0050

　　2008 年金融海嘯期間，我面對滿手賠錢的個股，經常夜不成眠。最後忍痛出清，全數換成與台股幾乎完全連動的「元大台灣50」（0050）之後，才終於能找到安心之道，每晚也能睡得著覺。

　　0050 於 2003 年掛牌上市，是國內投信公司發行的第一檔 ETF。它的成分股就是台股市值前 50 大的公司，然後透過精密計算的持股比例，可以幾乎完全複製台股大盤的走勢。大盤漲，它跟著漲；大盤跌，它也跟著跌。投資人總想在股市大跌中，找到逆勢上漲的股票，但請讀者捫心自問，你找到過幾次？甚至大多數時候，你手中持股的跌幅都遠超過大盤。

　　任何投資都該把風險的考慮放在第一位，而 0050 因為是 50 支股票的組合，當然就具備風險完全分散的優勢。其中任何一家都有可能突然出事、甚至突然倒閉，但 50 家絕不可能同一天同時出事、同時倒閉吧？萬一真有這麼一天，新台幣肯定已成廢紙。0050當然不能對抗系統性風險，但哪一支個股能在股災中倖免於難呢？

　　萬一真的在高檔買 0050 而套牢，也不用擔心，因為一來它不可能下市，二來每年都有配息，而股息殖利率約在 2.5% 左右，不只打敗定存利率，也能對抗通貨膨脹率。

　　2021 年底，0050 股價來到 140 元附近，或許很多人嫌貴，那麼也可以考慮 0056，它只有 33 元左右，價格相對親民。

▌關於 0056

0056 是由預估一年內股息殖利率最高的前 30 家公司的股票所組成。這 30 家公司絕不可能同一天出事，也不可能同一天倒閉，所以風險完全分散，當然也不可能下市，而歷年的股息殖利率都在 5% 左右，2021 年甚至高達 5.6%，比 0050 高很多。不過，缺點就是它是用「預估」值，不像 0050 是由「確定」的市值來選股，而且和大盤的連動性不如 0050，所以股價成長性也輸給 0050。

0050 和 0056 的交易方式，和一般個股買賣完全一樣。只要在證券公司開戶後，就可以在盤中隨時進行。你可以買整張，也可以在盤中買零股，更省事的方法就是辦理「定期定額」，透過每個月固定扣款來投資。

我買 0050 是希望「賺波段價差」，買 0056 則是拿來「長期領股息」。

選股太焦慮，因為不只要研究個股的基本面，還要預測每家公司的未來成長性，這都不是一般投資人有足夠的專業知識能做的事，所以只好到處打聽明牌，這樣怎能安心投資呢？**買 0050、0056，再也無須選股，讓投資股票變得非常簡單，然後就可以把所有的時間與精力，花在人生其他更有意義的事情上，或是去解決你生活中其他的大小煩惱。**

目前在台股上市的 ETF 已經有幾百支，有追蹤其他國家股市的、有連結各種商品的、還有不同產業的 ETF，甚至連衍生性的正

2、反 1 都有，真是琳瑯滿目、百家爭鳴。不過，我獨鍾類似 0050 這種追蹤台股指數，以及類似 0056 這種標榜台股高股息的 ETF，因為它們無須具備其他國家、其他商品，以及個別產業的專業知識，就能輕鬆掌握資訊來進出。

我絕對沒有說只能投資 0050、0056，各位讀者當然可以透過自己的研究，去找到適合自己的 ETF，但請注意成交量不宜太少，否則有可能面臨資產規模太小而必須下市的風險。

以下的 52 篇文章，就是我在 2021 年實際操作 0050、0056 的詳細紀錄。當你看完之後，就會發現它們帶給我的收穫，其實不外乎就是「安心」二字而已。

01

福禍相依

這是一個最壞，但也是最好的一年

今天是 2021 年元旦，先祝大家新年快樂。

回顧 2020 年，對全世界是最壞的一年，但對台灣是最好的一年；對人類是最壞的一年，但對股民是最好的一年；對沒買股票的人是最壞的一年，但對有買股票的人是最好的一年；對老手是最壞的一年，但對新手是最好的一年。各位是哪一種人呢？

對全世界而言，新冠肺炎增加確診、甚至死亡的病例至今仍在持續，經濟狀況普遍都衰退。但對台灣而言，防疫成功，人民確診和死亡人數幾乎是全球最少，甚至經濟依舊維持正成長。

對人類而言，全球千萬家庭因新冠肺炎而必須面對親人永隔的悲傷。但對股民而言，全球股市只在第一季受到重創，接下來一飛沖天，就與這場人類大浩劫完全脫鉤了。

對沒買股票的人而言，一直苦等大跌才要進場，結果一整年都沒賺到錢，徒呼負負。但對有買股票的人，不管你是萬點之下進場，或甚至 14,000 點之後才進場，都有賺到錢。

對老手而言，股市持續上漲，毫無基本面的支撐，甚至端看台積電和聯發科表演而已，早就見好就收、退出觀望。但對新手而

言，套句林強的知名歌詞：「向前行，蝦咪攏抹驚」再貼切不過，甚至人人都自以為是股神了。

除此之外，不論股市漲跌，對買錯個股的人而言，不僅沒賺到錢，還繼續擺脫不掉虧損的命運，例如買大立光，去年 2020 年居然還跌 36%，或是買金融股的人，股價幾乎都在原地踏步。但對買對個股的人而言，不只有賺，還賺了大錢。

▍台積電大漲

2020 年，台股指數從 11,997 點漲到 14,732 點，漲了 22.8%；台積電從 331 元漲到 530 元，再加上 10 元股息，漲幅是 63.1%；0050 從 96.95 元漲到 122.25 元，再加上 3.6 元股息，漲幅是 29.8%；0056 從 28.97 元漲到 29.95 元，再加上 1.6 元股息，漲幅是 8.9%。

從以上數據來看，當然該買的是台積電，但前年底有任何專家能預測到它在去年 2020 年有如此剽悍的走勢嗎？以往大家都認為台積電是好股票，但股性溫吞，大多數投資人都沒興趣買它。雖然現在大家都持續看好它的未來，但 2021 年的走勢還會這麼強勁嗎？它未來會不會像之前也被稱為「台灣之光」的大立光一樣一年跌 36%？誰知道呢？

0056 的漲幅最小，只有 8.9%，但因為完全不用花時間精力研究股市，所以你如果去年連 8.9% 都沒賺到，那就是完全不及格的表現了。希望你至少還有賺，萬一還是賠錢，為什麼還相信自己有

選股能力？還相信自己能打敗大盤？還相信自己是少數賺錢的那一兩成投資人？

▌ 紀律才是王道

新冠肺炎剛開始席捲全世界時，全球股市哀鴻遍野，所有的投資專家一個比一個看得悲觀，結果呢？事後沒人敢再提當初的判斷。長期關注我的人都知道，**如果有人問我對未來行情的看法，我的標準答案永遠都是「我不知道」，因為我不會受行情影響，打亂投資紀律。**

金城武有句廣告詞說得非常好：「世界越快，心越慢」。大家每天接收到的訊息太多了，甚至多到令人無所適從而非常焦慮。避免每天受消息影響，所以我只買 0050、0056。就算績效輸台積電，但至少有賺、也至少完勝通貨膨脹率。

經歷過 2020 年這個完全難以預測的一年，證明任何「判斷」都沒有用，唯一能憑藉的是「紀律」。有了紀律，你一定敢在去年 2020 年 3 月跌破萬點時進場，不管最後賺多賺少，至少結果都是獲利的。

行情無從判斷，個股也很難判斷，所以我才只買 ETF 中最具代表性的兩支：0050 和 0056。

我真的不知道 2021 年的股市會如何？我只知道當股災再次來臨時，我會在 0056 的股息殖利率（股息 ÷ 股價）超過 6% 時，大量買進並持有，或大盤日 K<20 的時候，依照紀律買進 0050。

這樣的做法當然還是有可能套牢，但它們每年都有配息，也至少打敗通貨膨脹率，而且一定完勝銀行定存利率，而且絕對不會下市，所以有什麼值得擔心的？

你真的怕套牢，又怕錯過未來的上漲行情，那麼去證券公司，開辦定期定額，持續買進 0050 或 0056，就是現階段最好的對策。

經歷過 2020 年這個完全難以預測的一年，證明任何「判斷」都沒有用，唯一能憑藉的是「紀律」。

02

沒人能預知未來

到底是哪一隻黑天鵝讓股市下跌？

　　2021 年的第一個星期，短短五天就總共漲了 731 點，來到了 15,463 點，而且 15,000 點根本不是一道難以跨過的關卡，離很多老師宣稱的 16,000 點，只要再漲 537 點就到了。如果用這週的漲法，下週就能看到了。大盤到底還能漲多久呢？

　　大盤什麼時候才會跌？會跌多深？我相信這是大多數空手的人，當然也是滿手股票的人最想知道的答案。

　　我希望大家至少不是完全空手的人，至少手上還有 0056，縱然漲幅落後大盤，但至少都是有獲利的。「至少」這兩個字，應該是這波行情最起碼的要求。

　　手上有 0056 的人，我還是建議不要賣，因為如果繼續漲，或是就算跌也跌不多時，你賣掉可能就買不回來了。

　　目前完全空手的人，雖然不應該，但也不必苛責自己，因為有這麼多利空，都難以撼動漲勢，只能說用以往的思維真的無法應對現今的走勢。以下這些利空在以往肯定都是一隻重挫股市的黑天鵝，例如：

一、全球新冠肺炎從未得到真正的控制，現在還出現了變種病毒。

二、台灣出現好久不見的本土病例，只跌了一天。

三、中共軍機每天挑釁，這在以前可從來不曾發生過。

四、美國國會山莊遭到川粉硬闖，還造成無數死傷。

五、台幣狂升，難道電子股不會有很嚴重的匯損嗎？

六、2020 年，外資賣超台股 5,000 億元，而且到了年底，期貨已經轉為空單留倉。難道大家在期待外資的認錯回補行情嗎？

這些都是大利空，結果都不跌，所以我現在真的不知道，還有什麼更大的利空會造成台股下跌呢？絕不是兩岸開戰這件事，因為沒有人希望發生吧？所以我能想到的，恐怕只剩下這件事了：

「漲多」就是最大的利空。

這一波的大漲，最大功臣當然是台積電。台積電即將召開的法說會，如果有意料之外的利多，它就絕對不會只有 600 元，台股也絕對不只 16,000 點。如果沒有新的利多，就有可以讓台積電合理下跌的原因，這時大盤當然會跟著回檔。

就算台積電沒有因此下跌，而開始盤整，這時「漲多」就是最大的利空了。

目前大盤的日 K、週 K、月 K 在 93 ～ 96 之間，這已經是好久沒發生過的過熱現象了。台積電呢？日 K、週 K、月 K 也都在 93 附近，也是居於高檔超買區。這些指標意謂持有台積電的人成本都

很低，平均約在 500 元，此時無論賣什麼價，都有 10% 以上的報酬率，一旦很多人都想獲利了結時，肯定形成很大的賣壓。這就應驗了那句股市的老話「『漲多』就是最大的利空」。

如果只是因為這樣下跌，跌幅絕對不會深，應該在月線處就會止跌。大盤的月線在 14,500 點，0050 在 120 元、0056 在 29.6 元，而台積電則在 530 元左右，所以千萬不能期待跌到 14,000 點、100 元、28 元，或 500 元。

我真的想不到還有什麼利空可以讓大盤跌更多了。其實從來沒有人能預知什麼是超級大利空，因為每一次黑天鵝都是用完全想不到的面貌來出現。

如果大盤守不住 14,500 點，0050 守不住 120 元、0056 守不住 29.6 元，而台積電守不住 530 元左右，那才會發生「股災」級的暴跌。

現在真的不要預測高點，唯一的策略就是抱牢 0056，就當作是「無魚，蝦也好」。如果是空手，我的建議還是那句老話：「去申辦定期定額，長期扣下去吧！」

其實從來沒有人能預知什麼是超級大利空，因為每一次黑天鵝都是用完全想不到的面貌來出現。

03

2021/01/15

不談選股，談心態

現在該買什麼股票？

  1 月 15 日盤中看到了 16,000 點以上，任誰都認為是高點，但大家又怕錯過賺錢的機會，所以就希望透過選股，然後就算大盤回檔，希望自己選的股票還是可以繼續大漲。這一次，我不談 0050、0056，想和大家聊聊現在該有的心態。

  請問你會選以下哪個選項：

一、強勢股（如台積電）
二、曾經強勢股（如航運股）
三、落後補漲股（如鴻海）
四、弱勢股（如大立光）
五、不漲股（如金融股）

我會選………

一、強勢股

  我不會選「強勢股」。台積電法說會已過，股價一度站上 625

元，或許可以視為「利多出盡」，就算還能上漲，好像也沒有更驚人的利多能夠支撐漲勢，所以買了之後，恐怕很難不焦慮它的漲跌。如果你真的知道它還有什麼未公開的大利多，當然可以進場，但有幾個人能知道呢？

很多專家開始在尋找第二檔「護國神山」。不過，我持較悲觀的態度。就以往的經驗來看，號稱「XX 第二」，結果大多數都是「期望越高、失望越大」。

二、曾經強勢股

我也不會選「曾經強勢股」。航運股從 2020 年 12 月中旬的漲勢猶如「旱地拔蔥」，兇猛到爆。到了 1 月 4 日見高後，就一路狂瀉，偶有反彈，但馬上又跌停。這種股票籌碼最亂，上檔套牢者眾，一旦反彈，解套賣壓就撲天蓋地而來。有人自以為藝高人膽大，想搶反彈，小心越套越多。

三、落後補漲股

每逢高點，很多人最愛找「落後補漲股」，想說這些股票也很好，沒有跟上大盤的漲勢，總該還它公道。股票漲不動，就是漲不動，就算偶而發動，也常常是迴光返照。萬一大盤開始回檔，這些股票照樣難逃下跌的命運。

你若想買「曾經強勢股」或是「落後補漲股」，我建議還不如買「強勢股」。

四、弱勢股

　　最不該買的是「弱勢股」。大盤大漲，如果股票不漲都已經說不過去了，如果還一直跌，千萬不要以為它有一天會醒來。這種弱勢股若曾是投資人心目中的股王，一旦持續走弱之後，真的永無回頭之路。大家別忘了宏達電啊！

五、不漲股

　　看到這裡，大家就知道我要選的是「不漲股」，但當然不是所有不漲的股票都可以買。

　　近來大盤的漲勢其實都是台積電等少數股票推高的，不漲的股票真的非常多，讓持股人對台股真是超無感。如果你發現有些股票每年都有穩定配息，而且大到不會倒，結果最近都不漲，就是我建議現在還可以買的股票，例如很多金融股。

　　因為它們沒漲，很多金融股又才二、三十元，就算大盤回檔，應該也不會跌太多。這種不漲的股票，投資人都不愛關注，籌碼其實相對穩定，屆時不容易出現多殺多的局面。若選的是金融股，因為獲利雖然不可能有爆發性成長，但歷年都算穩定，至少股息殖利率不只遠勝銀行定存利率，也打敗通貨膨脹率。

　　在 16,000 點關前，如果你是空手的人，現在別期待進場就會賺大錢，所以先求安心持股、穩定獲利比較重要。

　　1 月 15 日爆出 4,300 億元的成交量，大盤又是開高走低，以下

跌作收,下週肯定震盪劇烈,應該會有低點讓大家進場,但選股的難度一定會非常大。不想錯過獲利的機會,又怕高檔套牢,「不漲」股可以讓人相對安心。

▌0050、0056,賺填息

不知選哪一支?就選完全不需用腦,而且也沒什麼漲的0056吧!

0050 將在 1 月 22 日除息,每單位配 3.05 元。如果你現在手上沒有 0050,反正現在日 K 在 80 以上,按紀律本來就不該進場,但因為 0050 每次都填息,或許可在除息之後進場,賺一點「填息」的獲利。不過,我要提醒的是,就算以往都能填息,但我不能「保證」這一次也能填息喔!

在 16,000 點關前,如果你是空手的人,現在別期待進場就會賺大錢,所以先求安心持股、穩定獲利比較重要。

04

4＋1 個因應對策

0050 這一次會填息嗎？

　　1 月 22 日 0050 除息，因為受到台積電重挫影響，少見看到它「嚴重」貼息。因為 0050 以往每次幾乎都會在短時間內填息，因此應該有人在除息後買進，然後賺填息這一段利潤。如果你每次都這樣做，迄今的成功機率是 100%。這一次也可以這樣做嗎？

　　本文主要是寫給手上沒有 0050，或張數不多的人。如果你長期持有 0050，就不必考慮這時進場，因為我「猜」這一次就算還能填息，但恐怕會花很長的時間，甚至有可能是史上頭一遭不能填息。

　　希望沒有人是在 1 月 21 日除息前最後一天才買進，因為當天大盤的日 K 和 0050 的日 K 都在 80 以上，我是絕不會建議大家在此時進場的。在除息前一天買進的人，就是「相信」0050 一如以往能短期內填息，這就是誤以為「自己知道」了。

　　請注意，我用的是「猜」這個字，因為不可能有人真的「知道」。

台積電大跌

「護國神山」台積電因為英特爾（Intel）新的 CEO 帕特・蓋爾辛格（Pat Gelsinger）在法說會上說的一句話，週五就直接下殺24 元，跌幅為 3.6%，也讓台股下殺 134 點。

投資人不是很看好台積電嗎？怎麼會只是因為一句話就被嚇得落荒而逃呢？我還是想問大家，你們是因為「知道」台積電好而買它？還是因為「聽說」它好而買它？以當天的跌勢來看，答案顯然是後者。

但這也算是情理中之事，因為畢竟台積電今年短短十五個交易日，居然曾最多上漲 143 元，換算漲幅高達 27%，以這種以往都被視為「大牛股」的股票來說，真的跌破所有專家的眼鏡。任何股票短線漲這麼兇，碰到任何風吹草動，當然就會「過度」反應。

未來大盤應該會因為台積電無法續漲，而陷入盤整、甚至回檔，畢竟大家會好好思考，對台積電是不是充滿了很多不實的想像？果真如此，深受大盤與台積電影響的 0050，填息之路當然就會崎嶇不平。反之，如果台積電很快就反彈，0050 也就會一如以往，很快就能填息。但誰「知道」呢？（編按：0050 在 150 天後終於填息了）

沒人知道會不會填息，所以我們還是要先擬好 4 + 1 個因應的對策：

對策一：不填息，等 K<20

　　放棄「短線」賺填息的利潤，還是等日 K<20 再進場，就算不會填息，也有機會賺到波段的利潤。若能填息，那就能賺更多。但是很多人會擔心，萬一等不到日 K<20，不就什麼都賺不到了嗎？

對策二：會填息，直接進場

　　相信 0050 還是短期內會填息，就直接進場。畢竟 0050 週五收盤價 137.45 元，已經較除息前價格 143 元，跌了 5.55 元，換算跌幅為 3.9%，換句話說，至少有 3.9% 的預期報酬率。如果未來繼續跌，那麼填息後的報酬率當然就更高了。但是萬一真被我猜中，填息很慢，甚至不填息，你就有可能套牢在相對高檔。畢竟大盤的日 K 和 0050 的日 K 都還在 77 以上，當然是「相對高檔」啊！

對策三：買一點，等日 K<20 再重壓

　　現在酌量進場，等日 K<20 再大舉進場。這個對策在這個混沌不明的盤勢中，可以視為「進可攻、退可守」。究竟拿多少比例的資金現在進場？端視個人風險承受程度而定，但我建議不該超過一半。如果 0050 還是能短期內填息，至少不會錯過賺錢的機會，反之，所有的資金也不會都套牢在相對高檔。

對策四：定期定額

　　開始長期定期定額買 0050。既然是「長期」，就不必擔心「短

期」的進場時機了。雖然我一直建議定期定額買 0056，這是出於「追求安心」的考量，但很多人看 0050 的漲幅遠遠大於 0056，當然會覺得只是「追求安心」是不是太保守了？如果你想「追求成長」，那就定期定額買 0050 吧！不過，「成長」和「風險」一定是成正比的。

對策五：買個股

再也不買 0050 了，因為相信自己可以找到就算大盤下跌，還是會上漲的個股。但我誠心建議，別做這種幻想了，絕大多數投資人賠錢，就是因為相信自己做得到。

大家都該練習在「我不知道」的情形下進行投資決策，絕不該妄想我會給大家一個「0050 這一次還是會填息」或「0050 這一次不會填息」的明確答案。面對別的專家對任何行情預測的看法，也不該存有這種得到確切答案的奢望。

投資人不是很看好台積電嗎？怎麼會只是因為一句話就被嚇得落荒而逃呢？我還是想問大家，你們是因為「知道」台積電好而買它？還是因為「聽說」它好而買它？

05

別太早放棄買房的夢想

如果有 200 萬元，該買房？還是台積電？

　　我曾以這個題目，在粉絲專頁「樂活分享人生」問大家的意見，居然有超過 400 則的留言。網友的選擇各半，當然也有人說該買的是 0050、0056。以下這篇文章就是我的看法，供大家參考。

　　這個題目必須有幾個假設：

　　你目前正在租房子，而這 200 萬元就是你所有的現金，並足夠做為買房的頭期款，同時你目前手中並沒有台積電。為求簡單起見，我的選項只有台積電，沒有其他個股，也沒有 0050、0056。

　　我會選擇「買房」。就算你不同意，也請你耐心看下去我的理由。

▎考量穩定度

　　最重要的理由是，房子是「確定」的，而台積電是「不

確定」的。

我絕對不是因為台積電這個禮拜從上週收盤 673 元，跌到本週收盤 591 元，跌了 82 元，或是說跌了 12.2%，我才說該買房的。就算它繼續漲 12%，我還是會建議買房。

它一週跌了 12.2%，不就是「不確定」嗎？

支持該買台積電的人或許會說，跌到 600 元以下買，不是很好嗎？只要漲回 670 元，不就立刻賺超過 13% 嗎？會反彈嗎？會漲多少呢？難道它就不會繼續跌嗎？這不也是「不確定」嗎？

台積電一路上漲時，媒體盡是看好的言論，等到下跌時，就開始提出各式各樣的警語。任誰買了台積電，心情都一定會七上八下，因為大家並不是真的「知道」台積電好，而都只是「聽說」罷了。既然都是聽說，就容易受到消息或各家看法的影響，買了不知會不會跌？也不知何時該停利？如果套牢，又很難決定是否要停損？

有些支持買台積電的人是因為「200 萬元頭期款怎麼買得到房？」但我完全不同意這個理由。現在買房自備款只需 2 成，換句話說，200 萬元當頭期款就可以買到總價 1,000 萬元的房子，雖然在台北市一定買不到，但絕對至少可以買在新北市。

▌買得起 > 會增值

我常說人生的第一間房子，考量點是「買得起」，而不是「會增值」。很多人誤會買房是為了投資賺錢，所以當然優先考慮地

點，但是地點好，就很貴，貴了就買不起，買不起就放棄，放棄了就安慰自己這樣生活品質會比較好，還自我催眠說資金可以拿來投資，可以賺更多。

或許有人會反駁我，先拿 200 萬元去買台積電，賺到錢就可以買更貴，更有增值性的房子。但你「確定」能賺到錢嗎？

假設你買了一間 1,000 萬元的房子，需要跟銀行借 800 萬元，分三十年還，現在貸款利率 1.3% 算，每個月本利攤還約 3 萬元，或許比你去買台積電，然後租一間公寓的房租多一點點，但差距應該不算大。

雖然你的 200 萬元拿去買了房，就賺不到台積電股價「可能」的上漲利潤，但至少未來將會擁有一間屬於自己的房子。

房子難道不會買貴嗎？當然有可能，但如果自住，就算買貴又何妨？它至少不像有些個股買了之後，可能會下市消失，屆時所有投資都灰飛煙滅了。況且，你能確定房價一定會下跌嗎？

0056 殖利率 5% 遠高於房貸利率 1.3%

你買了房之後，千萬不要急著還清，繼續拿薪水買更安全的 0056，一年股息殖利率至少 5%，比房貸利率 1.3% 還高很多，不是擺明著套利嗎？

這時，我不建議買台積電，因為它的股息殖利率現在只有 2% 左右，只能寄望價差來獲利，但這樣風險當然就會比較高。

如今買房，真正困難的是頭期款，之後每個月的房貸負擔和

房租相去不遠。既然你都有了 200 萬元,頭期款就有了著落,為什麼不去買「確定」、「知道」的房子,而要去買「不確定」、「聽說」的台積電?

　　沒有 200 萬元的人不必考慮這個問題,但當你未來真的靠投資賺到 200 萬元時,還是要面對它。

　　房子是「確定」的,而台積電是「不確定」的。

06

不必擔心利空的三種股票

要不要抱股過年？

　　2月5日，台股即將封關，一直要到2月17日才會再開盤。其中將有七個營業日，美股會繼續交易，但台股卻休市，所以每年大多數的投資人都糾結在「要不要抱股過年」這個問題上。就讓我用這一篇文章來回答大家吧！

　　我一直不把「過年」這件事列入我進出股票的考慮，因為就算只是「隔了一天」，還是有可能發生重大利空，誰說「隔了七天」，就比較會出事呢？例如2004年的「兩顆子彈事件」，不就隔了一個週末，就讓週一股市全部股票都跌停板嗎？

　　如果你把生活緊急預備金準備好，就算發生重大利空，你也不必急著賣股票變現來生活，或是你並沒有把房子抵押去跟銀行借錢買股票，你也沒有要還本金的壓力，就不用這麼擔心了。

　　從去年3月股災後，台股一路上漲，很多投資人操作都很順利，就容易忽視風險，很多人不是把錢通通 all-in，就是借錢來買股票，當然會對「抱股過年」格外擔心。

　　如果你是 all-in，請你封關日賣一些股票，讓自己擁有生活緊急預備金。我建議未婚者至少留三個月生活費，已婚者沒小孩，留

半年生活費，已婚有小孩者，請至少留一年生活費。

就算過年期間什麼利空都沒發生，過完年還是不該把這些預留的生活費拿出來買股票。

如果你是借錢買股票，就最好燒香拜拜，祈禱什麼事都不會發生。

如果你有留生活緊急預備金，或是沒有借錢買股票，再請你繼續看下去。

這個問題其實很簡單回答，**就是「萬一發生大利空」，你套牢的這些股票可以讓你安心睡覺嗎？**

不能安心睡覺，但目前處於獲利狀態，就在封關日賣了吧！就算開紅盤之後續漲，你至少也是獲利了結、落袋為安了。

不能安心睡覺，目前又套牢中，就別賣了，因為或許台股休市期間國際上風平浪靜，封關日賣出不只賠錢，開紅盤之後你又要猶豫該不該高價買回來？

▌不必擔心休市期出現利空的三種股票

下面是我個人認為可以安心睡覺，無須擔心休市期間是否發生重大利空的股票：

一、0050 和其他類似的台股 ETF

二、0056 和其他類似的高股息 ETF

三、幾十年都穩定配息，股息殖利率在 5% 以上，而且公司大到不會倒的股票。很多金融股和傳產股都符合，但電子股很多股價都太高，導致股息殖利率偏低，甚至輸給通貨膨脹率 3%。

公司經營體質不好，投資人只想「賺價差」的股票，或是衍生性的 ETF，或是投資人根本不了解的市場或商品的 ETF，本來就不是我建議可以買進的標的，所以和「要不要抱股過年」這個問題根本沒關係。

值此新春假期，但我不想祝大家「發大財」，因為發大財會伴隨高風險，所以我要祝大家「安心發財」就好。

我一直不把「過年」這件事列入我進出股票的考慮，因為就算只是「隔了一天」，還是有可能發生重大利空，誰說「隔了七天」，就比較會出事呢？

07

存股不存骨

現在還該不該存股？

　　當 2020 年從低點大漲逾 7,000 點，甚至過年後又來到新高 16,517 點時，很多人愛存的金融股股價卻幾乎原地踏步，因此開始懷疑「存股」是不是錯了？

▌千金難買早知道

　　台積電 2020 年迄今，漲了整整 100%，而很多人拿來存股領股息的兆豐金同一時間只漲了 0.8%（以上的漲幅都有把當年的配息計算進去）。0050 同一時間漲了 47.1%，也是拿來存股領股息的 0056。則只漲了 12.9%。（以上的漲幅都有把當年的配息計算進去）

　　看了以上的比較之後，早知道當然該買台積電，不然至少也該買 0050，若只想買 0056 或兆豐金，績效就會大輸特輸。但是，這都是「早知道」！俗語說得好：「千金難買早知道」。

　　金融股在去年幾乎都沒漲，加上利空消息也不斷出現，很多人開始懷疑存金融股是不是正確的決定。

　　漲到 16,000 點，回看當初買進金融股，當然會錯失賺錢的機

會，但很多人之所以買金融股，多半是因為認為全球疫情仍很嚴峻，對經濟的傷害仍未平復，才認為這樣做比較安心。

既然當初擔心指數太高，才存金融股，現在指數已經超過16,000 點，反而改去買台積電，你真的能安心嗎？

台積電已經超過 600 元，很多人買不下手，就想找到「台積電第二」、「台積電第三」。但你真的相信你找得到嗎？或是就算有，它能在指數這麼高檔時，複製台積電的漲幅，或者甚至超越它的漲幅嗎？

在回答「現在還該不該存股？」這個問題之前，我先講一個小故事。

買美金還是 0056 ？

有一天，一個朋友問我「美金已經夠便宜了，你會建議去買一點美金來賺匯差，還是該繼續買 0056 ？」

我是這樣回答他：「如果你現在買了美金之後，台幣確實開始貶了，你當然就能賺到錢。但是，你賣掉美金之後，是不是還要再找下一個標的？所以你就要一直很費心地去找下一個會賺錢的機會。」如果你買 0056，確定它每年都有配息，至少有 5% 的股息殖利率，又不可能下市，你或許嫌賺不多，但還是有賺，而且這樣就不必一直找、一直找、一直找。

不想呆呆存股領股息的人，就是相信自己每次在賣掉 A 股票之後，就會再找到會賺錢的 B 股票。接著賣掉 B，再買 C，賣

掉C，再買D，然後每次都能賺到錢。你先問問自己，你真的這
麼厲害嗎？

其他投資達人都要你相信他每一次選股都是對的，萬一不
對，他會說他只是建議，並沒有強迫你買，所有的買賣決定都要
自己負責。

你該自己負責，當然沒錯，怪不得投資達人的建議，但你又
何必把自己陷入一個「永遠不能確定」的情境，然後每天惶惶
不可終日。

回到兆豐金的例子。它在 2019 年收盤價是 30.6 元，假設你就
是買在這個價位，然後領了 1.7 元股息，你的成本已經降到 28.9 元
（30.6 - 1.7 = 28.9）。如果它往後每年都能配 1.7 元，過了十七年，
你持有兆豐金的成本已經變成 0（28.9 ÷ 1.7 = 17），然後你活越
久，就領越久。就算沒有 1.7 元，但它從來沒有不配息，所以保守
估計十七 ～二十五年一定會讓你的成本降到 0。

可以存股的三個條件

我從來沒有說任何股票都適合存股，只有以下三個條件，才能
作為安心存股的標的：

一、股價 30 元左右或以下，二、幾十年來每年都至少配息 1
元，然後三、大到不會倒的股票，因為可以確定二十～三十年就會
將持股成本降到 0。不知道選哪一支，那就無腦買 0056 吧！

0056 是所有強調「高股息」的台股 ETF 中，最具代表性，也

是資產規模最大的一支。萬一連它都會因資產規模降到 1 億元以下而下市時，恐怕台股已經不存在了。

如果你自問沒有能力每次都選對股票，那麼你還是適合存股。

就算你不甘於只是領股息，但又認為自己沒有選股的能力，就請你買 0050。

如果你認為自己有選股的能力，就繼續相信自己吧！

如果你買 0056，確定它每年都有配息，至少有 5% 的股息殖利率，又不可能下市，你或許嫌賺不多，但還是有賺，而且這樣就不必一直找、一直找、一直找。

08

小資男女必看

台積電多少錢可以買？

　　當台積電大漲時，大家都在問「會漲到多少錢？」現在，台積電開始跌了，大家又在問「跌到多少錢可以買？」我就用這篇文章來回答第二個問題。

　　台積電在 1 月 21 日創歷史新高價 679 元，當時指數 16,153 點。大盤指數在 2 月 22 日來到 16,579 點，當天台積電盤中最高只來到 662 元，收盤則為 650 元。台積電未能隨大盤創新高，已經為大盤漲不上去透露了訊號。

　　台積電幾乎被所有投資人一致看好，甚至很多專家達人喊出「買 0050，還不如直接買台積電」的論點。這段期間，我恐怕是唯一不建議「小資男女」買台積電的人。

　　我從來不是因為台積電不好而建議大家別買，而是基於股價這麼高，股價波動一定會很劇烈。小資男女資金不多，哪受得了這種上下起伏所造成的心理煎熬？

　　如果你買在 650 元以上，春節前曾跌到 600 元以下，你一定會非常糾結「要不要停損？」任何個股跌了將近 10%，絕對應該要停損，但你心裡一定不甘願，因為「它是護國神山耶！」

　　如果你停損在 600 元以下，看到春節過後又來到 660 元以上，一定氣到吐血。

　　如果你當時沒停損，又沒有勇氣加碼，看到春節過年過後又來到 660 元以上，還是會氣到吐血，氣自己怎麼沒進場。

　　現在又跌到 600 元大關前，如果 660 元沒賣，現在又要糾結「要不要停損？」或是想問「跌到多少錢可以再進場？」

　　只要略懂技術分析的人，一定會「猜」季線 566 元就是有強力支撐的價位。會跌到 566 元嗎？真的跌到這裡，可以買嗎？

　　我的答案是：在回答這個問題之前，我還是要再次請各位思考；你是「知道」台積電好，還是「聽說」台積電好。如果你真的「知道」它好，就可以知道什麼是台積電的合理投資價位。如果你只是「聽說」它好，就肯定要去「聽」所有專家的「說」法，但誰建議的價位才對呢？

　　事後你接受的專家建議如果錯了，一是根本沒跌到他說的價位就反彈了，害你沒買到，二是真的跌到他說的價位，而你進場買了，結果卻繼續跌，這時他頂多只是被你罵，不會有任何實際的損失，但你可是確定要賠錢的。

　　看到台積電之前的大漲，但沒有進場的人，如果你並不是真的「知道」台積電好，你就根本不該再煩惱「跌到多少錢可以買它？」

▌ 資訊不對稱的風險

買賣任何個股都會面臨同樣的問題，它所存在的「資訊不對稱」的風險永遠比 0050、0056 這些 ETF 大。股市大漲時，沒人想買 ETF，因為嫌賺太慢；股市大跌時，想買 ETF，卻先要面對「個股該不該停損」的難題，因為不停損，就沒錢買 ETF 了。

《工商時報》每天都會公布當日的 5 支強勢股和 5 支弱勢股，但幾乎每天都不一樣，難道你每次都會挑中強勢股嗎？**「選股」的人始終在焦慮中過日子**，即使是買台積電也是一樣，而「選市」的人因為 ETF 能達成風險充分分散的效果，當然就比較不會焦慮了。

看到這裡，你知道我建議可以買進台積電的價位是多少錢嗎？

我都不建議大家買台積電了，怎麼還會煩惱多少錢可以買呢？

你是「知道」台積電好，還是「聽說」台積電好？如果你真的「知道」它好，就可以知道什麼是台積電的合理投資價位。

09
只追求有限的風險

0056 去年績效這麼差，還該買嗎？

2020 年大盤漲了 22.8%，台積電加上配息，漲了 63.1%，0050 加上配息，漲了 29.8%，而 0056 加上配息，只漲了 8.9%，甚至是台股 ETF 去年績效的倒數第五名。很多人認為，0056 根本不是一個值得投資的標的，所以不該買 0056 嗎？

至少 0056 還是讓投資人賺到了錢，很多人買個股全年可不一定是獲利的喔！所以它至少勝過一般人選股的績效。換句話說，買台股 ETF 還是優於選股。

選股的投資人一定會不服氣，因為如果買的是台積電，就一定能勝過買 0050、0056。**台股中當然有勝過大盤績效的股票，但投資人不斷換股操作的結果，總報酬率要打敗大盤，真的不容易。**選股能打敗大盤，「理論」上一定成立，但「實務」上卻很難做到。

所以接下來，我還是只會拿 0050 和 0056 來做比較。0056 因為去年績效遠遠落後 0050，所以投資人「應該」買的是 0050，而不是 0056 嗎？

應該買 0050，而非 0056？

如果去年大盤漲，0056 卻跌，我也認為「不應該」再買 0056，但它去年只是沒漲那麼多，就用一年的成績來否定它，則有待商榷。

新春開紅盤後，大盤漲 0.3%，台積電跌 4.9%，0050 跌 2.1%，0056 卻漲了 4.1%，但只用十二個交易日的表現，就要說它更值得投資，這當然也不恰當。

為什麼大盤漲不動？因為絕大多數的投資人都認為 16,000 點已經很高了，也因為台積電沒有更強的利多能夠推升股價，它的下跌當然拖累大盤的漲勢。

為什麼大盤微漲，0050 卻跌超過 2%？因為台積電占 0050 的持股比重近一半（編按：截自 2021 年 10 月 31 日止，0050 持股台積電比重達 48.2%），所以才發生這種難得脫鉤的結果。**台積電占比太重，一直是 0050 最大的缺點。**

為什麼 0056 反而不跌反漲？因為在大盤未來多空不易判斷的時候，投資人會去尋找高股息殖利率的股票，而不是高成長的股票。另外一個原因當然是 0056 的成分股中沒有台積電。

如果未來台積電又開始大漲，大盤和 0050 就會同步上漲，屆時 0056 又會輸給它們。但問題是，台積電還會漲嗎？有幾個人真的能判斷正確呢？

台積電現在的股息殖利率大致只有 2%，連通貨膨脹率都無法

打敗，但投資人買它是基於相信它未來的高度成長性，但如果成長已到頂，這種股息殖利率不足以吸引保守的投資人。

0050 現在的股息殖利率只有 3%，約略等於通貨膨脹率，對保守的投資人而言，或許是「不滿意，但還能接受」。

所有批評 0056 不值得投資的人，都是嫌它沒有「成長性」，我也同意。不過，誰真的能確定大盤和台積電都還有高度的成長性？如果你也沒有這個能力，為什麼不只求「穩定性」就好？

持股成本歸零

大家應該都會同意，0056 每年可配至少 1.5 ～ 1.8 元的股息，以目前股價來看，二十～三十年後，持股成本就會歸零。若要 0050 的持股成本歸零，恐怕要四十～五十年。

絕大多數的投資專家都不會同意用以上論點來選擇標的，因為他們追求的是「無限」的「獲利」，而不是「有限」的「風險」。吸引讀者、粉絲的是他們的投資報酬率，因此他們當然主張「不應該」買 0056。

絕大多數的投資專家，總是認為自己的方法最正確，所以常用「應該」這個字眼，但我喜歡用的是「適合」這兩個字。我同意他們「不應該買 0056」，但我還是會在 0050 之外，也買 0056，因為我認為自己「適合買 0056」。

「0056 去年績效這麼差，還該『買』嗎？」這個問題，不該問專家，而該問自己。

　　如果你認為不該買 0056，那也不該買和它類似標榜「高股息」的 ETF。

　　如果你認為該買 0056，請別自以為聰明能預測進場的時機，我認為該用「定期定額」的方式，不會錯過股市上漲的機會，萬一股市開始回檔，也可以降低你的持股成本。

　　或許你也想問「0056 去年績效這麼差，該『賣』嗎？」這個問題，還是不該問專家，該問的還是自己。

　　當你想賣掉的時候，或許會發現我建議大家「買了忘記它」，結果長期累積下來的獲利還是很不錯喔！賣掉之後，該通通拿來買 0050 嗎？該定期定額買 0050，還是等跌下來再買？或是拿去買台積電或其他個股呢？這又要讓你煩惱了。

　　誰真的能確定大盤和台積電都還有高度的成長性？如果你也沒有這個能力，為什麼不只求「穩定性」就好？

10

2021/03/13

自己做決定吧！

你該追隨哪個投資達人？

現在真的是一個「人人都是股神」的時代，君不見作家、YouTuber、網紅、部落客、臉書粉專版主，多如天上繁星，紛紛要來分享他們的獨門投資密技，到底我們該追隨哪個投資達人呢？

▌要當國手還是只要會游泳就好

我先說一個比喻：

學校規定每個學生都要游 25 公尺才能畢業，然後有 2 個教練可以讓學生選擇。

A 教練曾是游泳國手，希望把每個學生都訓練成比賽選手。B 教練只是體育系畢業，只希望讓學生能畢業，而他最大的目標是讓那些非常怕水、或是連換氣都不會的學生也能畢業。

A 教練非常瞧不起 B 教練，認為被他教出來的學生姿勢都不對，都不可能成為比賽選手。

結果大部分的學生都選了 B 教練，讓 A 教練更生氣，說 B 教練根本是誤人子弟。

最後，所有的學生，連那些原來根本不敢下水的學生都畢業了。

最後，全校沒有人成為比賽選手，但每個人都熱愛游泳。

A 教練為了培養比賽選手，當然會教很多細膩高超的游泳技巧，甚至還要教人體工學、流體力學等等，但不是每個同學都有能力學習、或甚至都有天分，如果都不具備，這些學生會學得很沮喪、很痛苦。

這就好像很多投資達人愛宣揚他們的投資績效（我姑且相信），但大家去看他們的文章、影片，甚至去上他們的課程，學了很多選股的基本分析，或是很多操作上的技術分析，真的就能和他們一樣賺大錢嗎？

用他們的方法卻賺不到錢的投資人，開始懷疑他們標榜的投資績效，就要跟他們索取買賣對帳單，來證明他們真的賺很多錢。

很多人會說，不期望跟他們一樣賺大錢，只要能賺到小錢就好了。但是，他們教的就是「賺大錢」的方法，而這種方法是不可能拿來「賺小錢」的。最後，越學越挫折，覺得「游泳」好無趣、「投資」好困難。

同學在 A 教練的指導下，一定能畢業嗎？也未必，因為原本怕水的同學選了這位教練，可能更怕水，最後還是學不會游泳。投資人因為始終無法將艱難的投資技巧運用在股票買賣上，結局常常都是賠錢，不只是連小錢都沒賺到，甚至還會賠大錢。

　　B 教練不必教太專業的游泳技巧，因為他只是希望同學能游完 25 公尺，能畢業就好。這個畢業標準不高，既無須具備學習能力，也無須擁有游泳天分，連怕水的同學也敢下水，最後也能達成畢業的標準。這種投資達人不強調選股，只教大家「買」股票，甚至不用「賣」。買什麼？買幾十年來都穩定配息，且大到不會倒的股票。如果連選股都不想傷腦筋，就買台股 ETF。

　　如果你原來非常怕股票，那就買相對便宜、股息殖利率至少在 5% 以上的金融股或強調「高股息」的 ETF。就好像你原本不敢下水，現在只要游完 25 公尺就好。

　　B 教練的學生或許游的姿勢其醜無比，被 A 教練和他的學生嘲笑，但至少都能畢業。

　　追隨這種類似 B 教練的投資達人當然只能賺小錢，但一定能賺到錢，所以不會跟他們要買賣對帳單。就算賺不多，被其他人嘲笑，至少已經敢開始買股票，甚至擺脫了賺價差經常賠錢的宿命。

　　選擇教練，是學生的權利；選擇投資達人，也是你要自己做決定的。

　　游泳不必成為選手，但希望能成為你一輩子會從事的運動。

　　投資沒有對錯，但要找到一個適合你自己的方法，而且最重要的是「一定會賺錢」。

　　你非常會游泳，非常會選股、也非常會賺價差，請找 A 教練。

　　你會游泳，自認為會選股、也自認為會賺價差，那你 A、B 教練都可找。

你不會游泳，根本不想因選股而焦慮，應該找 B 教練。

投資沒有對錯，但要找到一個適合你自己的方法，而且最重要的是「一定會賺錢」。

11

降低持股成本的方法
台積電實戰紀錄

　　你沒有看錯，我真的要分享我在 3 月 5 日到 19 日進出台積電的實際情形，並詳細說明我的進出策略。

　　首先我要懺悔，沒有在闕又上老師在節目說台積電上看 600 元，隔天就進場買台積電。跟他一起上節目是去年 2020 年 11 月中旬，當時指數約 13,000 點，台積電約 460 元左右。

　　我相信很多小資族都是在一片擁護「護國神山」，股價已來到 600 元之上，才開始用「盤中零股」方式，進場希望參與台積電的成長，並進而獲利。

　　如果你在今年 2021 年 1 月 13 日台積電首度突破 600 元才進場，或許你有機會賣在後來的兩個高點，分別是 1 月 21 日的 679 元，以及 2 月 17 日開紅盤當天的 663 元。如果你沒賣，抱到現在，可能開始很焦慮，以下我的實戰紀錄分享應該可以給你一點啟發。

　　如果你還沒進場，更值得看以下的實戰紀錄分享。

　　如果你「相信」台積電會繼續漲，突破 679 元，甚至上看 700、800、900，乃至 1,000 元，現在你就該進場，以下當然就不用看了。

我特別採用「盤中零股」的方式來買台積電，就是希望可以讓小資族更有共鳴。

我在 3 月 5 日用 593 元買進 100 股，因為當天台積電的日 K 來到 17。因為台積電不可能受到主力大戶的操控，所以 KD 指標值得參考，所以我就沿用我買 0050 的紀律「日 K<20，買進」。

接下來，我在 3 月 8 日，用 606 元賣出 40 股，為什麼？

因為當天開盤大漲超過 200 點，我想「或許」會開高走低，因為近來大盤經常上演「開高走低」或「開低走高」的戲碼。

這樣做，為的是要降低我的持股成本。

593 × 100 ＝ 59,300

606 × 40 ＝ 24,240

59,300 - 24,240 = 35,060 （投入金額降到 35,060 元）

35,060 ÷ 60 = 584.3 （持股數也剩下 60 股）

3 月 8 日成本降到 584.3 元。

萬一賣完繼續漲，至少也賺了 520 元。

（606 - 593）× 40 = 520

3 月 9 日台積電日 K 為 19，還在 20 以下，所以我又用 590 元再買回 100 股，持股成為 160 股。結果當天又是「開低走高」，我為了不要增加部位，也不要增加風險，就用 595 元賣掉 60 股，讓持股又回到 100 股。

現在成本降到多少呢？

35,060 +（590 × 100）–（595 × 60）= 58,360

$$58,360 \div 100 = 583.6$$

3 月 9 日，成本降到 583.6 元，但持股數也回到了原先的 100 股。

3 月 11 日大盤大漲 267 點，我決定再賣 50 股，為的也是降低成本。其中 20 股賣太早了，只賣了 602 元，另外 30 股賣在較高的 610 元。

現在成本降到多少呢？

$$58,360 - （602 \times 20） - （610 \times 30） = 28,020$$

$$28,020 \div 50 = 560.4$$

3 月 11 日，成本降到 560.4 元，但持股數減少到 50 股。

因為台積電 3 月 17 日要除息，我「擔心」這一次不能填息，為了降低風險，決定賣 20 股，只留 30 股除息。20 股賣在 609 元。

現在成本降到多少呢？

$$28,020 - （609 \times 20） = 15,840$$

$$15,840 \div 30 = 528$$

3 月 16 日，成本降到 528 元，但持股數減少到 30 股。

後來台積電真的沒有填息，我決定在 3 月 19 日用 596 元買回 20 股。因為我先賣在 609 元，然後用 596 元買回，這個價差比股息 2.5 元還要高。

現在成本降到多少呢？

$$15,840 + （596 \times 20） = 27,760$$

$$27,760 \div 50 = 555.2$$

　　3月19日，成本降到555.2元，但持股數增為50股。別忘了我還有領到30股的股息75元，可以再略降我的成本到553.7元。

　　我的成本553.7元已經是3月19日台積電收盤價的591元的93.7%，短期內要虧損的機會應該不大。（以上計算未計入證交稅與券商手續費）

　　以上就是給在台積電股價上下波動中焦慮的小資族參考。如果不這樣短線進出，3月19日收盤價591元，比我當初買進的成本593元，還賠了2元，幸好還有2.5元的股息可以彌補，但我還是要在股價波動中睡不安穩。

　　看完以上的實戰紀錄分享，會不會覺得買0056比較安心呢？哈哈。3月5日到19日0056從31.8元漲到33.6元，漲了5.7%，而大盤只漲了1.4%，台積電則是小跌喔！

　　我特別採用「盤中零股」的方式來買台積電，就是希望可以讓小資族更有共鳴。

12

各種狀況拆解

0056 現在還能買嗎？還是該賣了？

　　0056 已經來到 33.8 元，很多人都在問「還能買嗎？」也有很多人在問「該賣了嗎」？現在，我就來回答這兩個問題。

問題一：0056 還能買嗎？

　　其實不管 0056 來到多少錢，就算剛從去年 2020 年股災漲到 25 元時，都曾經有人問過。0056 之前漲到 30 元以上，這個問題就一直是我臉書粉絲專頁「樂活分享人生」上最常被問到的問題。

　　面對不同的人，這個問題將會有不同的答案：

一、從來沒有買過 0056，或是現在手上已經沒有 0056 的人：當然還能買，但該怎麼買？

　　我在 0056 超過 30 元的時候，就一直建議大家可以用「定期定額」的方式買入 0056，因為這樣就不必焦慮進場的時間點，也不會錯過繼續上漲獲利的機會，即使一開始買在相對高價，但長期執行下去，成本將趨近長期的平均水準。

　　或許很多人自以為聰明，想說跌破 30 元以下才開始執行，

結果拖到現在，已經漲了超過 10%，甚至都快看到 34 元了，當然開始心急。如果你現在不用「定期定額」的方式進場，萬一再漲 10%，你可能還是會問「現在還能買嗎？」

提醒你，現在進場，請你用「定期定額」的方式，風險相對較低。未來看到 30 元以下，再開始用「整張」的方式去買，加速降低成本。

二、手上仍有 0056 的人：同樣當然還能買

已經採用「定期定額」方式買進的人，當然要繼續執行下去，不要以為 0056 已經來到高價區，就自以為聰明而停扣。

現在持續買進，當然會讓平均成本上升，但只要繼續買下去，還不會讓平均成本超過 30 元的話，為什麼不繼續增加持股部位呢？（我「猜」30 元可能會成為 0056 未來的地板價，短期內不容易跌破了）

如果你的平均成本早就在 30 元以上，或許可以放慢買進的速度，比如以前是一個月買兩張，現在就改成一個月買一張，讓平均成本不要增加太快。

問題二：0056 該賣了嗎？

雖然我一直建議不要賣，但很多人還是很糾結，該不該獲利了結呢？萬一不賣，股價跌下去，不就會少賺了嗎？（我相信現在賣，沒有人是賠錢的）

▌可以賣 0056 的四種狀況

以下四種狀況，我建議你賣：

一、正好想買一些會讓自己很開心的東西，當然就該賣掉一些來完成心願。如果已經靠 0056 籌到買房的頭期款，當然該把 0056 賣掉！

二、你的所得稅率很高，例如超過 30%，當然可以賣掉，因為賺價差的獲利是免稅的，但領股息要併入綜合所得課稅。

三、你賣掉至少每股獲利超過 6 元以上，也可以賣一些，因為你已經賺到 3 ～ 4 元的股息了，又無須繳稅！

四、如果賣掉一部分，可以讓你的持股降到 0，也可以考慮賣掉。例如你在 22 元買進 30 張，現在你用 33 元賣掉 20 張，當初的成本通通拿回來了，剩下的 10 張的成本完全歸零，然後還可以繼續領一輩子的股息。

不過，我要提醒你的是，很多人賣掉之後，都在抱怨買不回來喔！因此如果有機會看到 30 元以下，請記得買回來。

▌不建議賣 0056 的三種狀況

什麼狀況，我不會建議你賣？

一、賣掉之後，錢不知道要做什麼？就別賣了！

二、所得稅率不高，沒有超過 30%，就不必太在乎繳稅，也就別賣了！

三、 你的成本在 30 元以上，賣掉只能賺 10%，這樣又何必賣呢？

四、賣掉之後可以拿回當初買進的總成本，但剩下成本歸零的張數很少，例如只有 1 ～ 5 張，這樣又何必賣呢？
最後，再提醒一次，小心賣掉後，買不回來！

現在進場，請你用「定期定額」的方式，風險相對較低。
未來看到 30 元以下，再開始用「整張」的方式去買，加速降低成本。

13

做好股災時「在場」的準備

如何在股災來臨時，躲過一劫？

去年 2020 年因疫情造成的 3 月股災，已經超過一年了。這一年來，台股從最低點反彈迄今，幾乎翻了一倍。很多專家早在 13,000 點，就說股災要來了，結果到現在還沒來。一直有人警告股災要來了，到底什麼時候會來呢？我們要不要在股災來臨前趕快出場呢？

關於「股災什麼時候會來呢？」我的答案是「我不知道」。

1990 年，台股一年跌掉 1 萬點，我逃過了。2000 年，網路泡沫，我沒逃過。2008 年，金融海嘯，我也沒逃過。真的不要相信，你有能力逃過股災，因為沒有人能事先預測股災何時會來，所以也不可能在股災來臨前趕快出場。

我為什麼能躲過 1990 年的股災，不是我正確判斷股災的來臨，而是我把在股市賺來的錢拿去買房子了。為什麼後面兩次沒躲過？因為「我以為自己是股神」。

現在有很多投資素人都成了媒體報導的投資達人，甚至很多人都在臉書上成立有關投資理財的粉絲專頁，儼然以「股神」自居。我合理懷疑這些人都是 2008 年之後才進場，甚至是 2020 年 7 月後

才進場，當然是怎麼做都是對的。他們常常流露出對那些股災警語嗤之以鼻的態度，因為他們從來沒碰過股災，不知道每次股災都是來的又猛又急，絕對讓人措手不及。

既然股災什麼時候會來，沒有人知道，我們該如何做好準備呢？我不是要大家「出場」，而是要大家做好股災來臨時，還「在場」的準備。

▎股災來臨時的六種準備

一、絕對不要以為自己能預判股災，而去買「反1」這種看空的衍生性 ETF，或直接去期貨、選擇權市場做空。很多人認為16,000 點是高點，但之前每一個整數關卡不是都被大家認為是高點嗎？說不定台股會直上 20,000 點，誰知道呢？

曾有個投顧老師在 13,000 點時，建議大家全力做空，我想他應該已經在業界消聲匿跡了。

二、隨時做好明天就要崩盤的準備。換句話說，你要檢視手上的持股，萬一隔天所有股票都跌停板，它還是可以讓你睡得著覺的標的。「同時」符合以下三個條件，應該可以讓你睡得著：

1. 每年都能穩定配息，而且就算跌三支停板，股息殖利率至少還能和通貨膨脹率 3% 相當。股災來臨時，就別期望有 5%以上的股息殖利率吧！

2. 公司大到不會倒，也就是說再怎麼跌，股票都不可能下

市變壁紙。

3. 股價在 30 元左右，或以下，每天下跌的金額對心理的衝擊相對較小。

如果你的持股不符合任一條件，只好祝福你能在股災來臨的前一天，能有第六感告訴自己趕快出場。

三、留下兩年的生活費。歷來股災不會超過兩年，所以只要你的持股都符合以上三個條件，就不必因為需要用錢而必須認賠變現。

四、把股票賺來的錢拿去買房子。我逃過 1990 年的股災，就是去買了房子。台股在 2015 年 8 月曾出現短暫的重挫，我就決定把賺來的錢再去買一間房子。事後來看，這筆錢如果留在股市，會賺更多錢，但買房子也絕不是百分之百錯誤的決定，畢竟它至少是一個波動幅度較小的投資，不是嗎？

五、不一定要如很多專家建議去做「股債平衡」的配置。債券投資雖然風險較低，但都是以投資海外債券為主，所以還有匯率風險。如果股災一直不來，表示台幣不會大貶，匯率風險可能會抵消你的股票獲利。

六、買美國股票不一定能逃過股災。除了 1990 年的股災是完

全本土性質的，後面的兩次股災都是全球性的系統風險。有某粉專版主曾說「我買的是美股，所以台股泡沫關我屁事！」此言差矣。台股泡沫，台灣經濟必受重大衝擊，只要你還住在台灣，不可能不受影響。

2000 年，我沒逃過股災，幸好我還有高薪的工作，能夠把在股市賠的錢賺回來。2008 年，我沒躲過，但我把所有股票賣掉認賠後，全部去買 0050，從此投資安心、獲利穩健。

《孫子兵法》說：**「不恃敵之不來，恃吾有以待之。」**在股票投資上，完全適用。我們不是祈禱股災不要來，而是做好股災來臨時的準備，就不用再怕股災了。這也呼應我這篇文章的標題，不是「如何在股災來臨『前』，躲過一劫？」而是「如何在股災來臨『時』，躲過一劫？」

既然股災什麼時候會來，沒有人知道，我們該如何做好準備呢？我不是要大家「出場」，而是要大家做好股災來臨時，還「在場」的準備。

14

2021/04/09

挑選長期投資價值的股票

你真的相信你買的股票嗎？

　　各位有沒有發現最近我上媒體的次數變少了？因為我永遠只講 0050、0056，但媒體每天都希望有新的內容，當然就愛去找那些每天都推薦不同股票的專家，而不找我了。但是，各位只是一般的投資人，有必要每天隨媒體、隨專家，不斷換股操作嗎？

　　不斷換股操作，其實就是你並不相信你買的股票具有長期的投資價值。因為你不相信它們，賺了價差就想再換另一支，然後繼續賺價差，或是這支賠了錢，就想換一支來賺錢。股市最殘酷的事實就是，很多人一直換股操作，但還是一直賠錢。

　　巴菲特曾說：「如果你沒有抱股十年以上的心理準備，這支股票連十分鐘都不該持有。」這句話道盡了「價值投資」的精髓。很多人自以為是價值投資者，但卻又預設了獲利出場的目標價，這樣怎麼算是價值投資呢？

▌你會長期持有台積電嗎？

　　台積電近來被譽為「護國神山」，很多投資人在 600 元左右進場，但有多少人真的願意長期持有呢？如果不打算跟它天長地久，

只想賺短線價差，怎麼能說自己「相信」台積電是好股票？

為什麼大家不相信自己買的股票可以長期持有，因為大家都是「聽說」它會漲，而不是真的「知道」它會漲。

大家認為台積電是好股票，都是因為看了很多的媒體報導，或是看了很多專家的分析，這只能算「聽說」。說自己是「知道」台積電好的人，只有台積電的員工敢說這句話。有趣的是，如果你認識在台積電上班的朋友，可以問他手上還有沒有台積電的股票？說不定都賣光了。高階主管因為賣股票須申報，所以比較不會賣。

我用台積電來說明「選股」的投資人，因為都是聽來的消息，怎麼會相信自己買的股票？因此只好不斷換股操作，結果每天要研讀很多訊息，希望每一次的換股操作都能獲利，或至少賺多賠少，當然每天都活在焦慮中。

專家最愛跟投資人說「千萬不要跟股票談戀愛」，因為這樣你才會每天追蹤他的看法，甚至付費成為他的會員。 如果你相信自己挑中的股票是值得長期投資的，為什麼不能跟它談戀愛，甚至廝守一生？因為你不相信，所以才不敢跟它談戀愛。

這句話用在讓你曾經賠過錢的股票，或許就是對的。但是曾讓你賠過錢的股票，不代表未來不會讓你賺到錢？這種想法又是讓你焦慮的另一個原因了。

此外，還有很多專家鼓勵大家做「當沖」。這樣做，當然就是代表你不相信你買的股票。當沖雖然刺激，而且很有成就感，但據證交所資料統計，整個市場的當沖交易其實是虧損的，所以你為什

麼相信自己就會是少數的股神呢？

　　為什麼我只買 0050、0056？因為我相信它們，相信它們每年都會配息，而且絕對不可能下市。萬一連 0050、0056 都下市了，台灣股市應該已經不存在了。

　　投資股票，當然要相信你買的股票具有長期投資價值，也就是「大不了套牢」，「就算套牢，仍能安心過生活。」如果你只是相信它的股價會漲，那絕對不能稱為「投資」，那只是「投機」。

　　怎麼證明你相信自己買的股票？就是即使股災明天就來，或是即使明天股價直接跌停板，你仍然可以睡得著覺。

　　如果你沒有抱股十年以上的心理準備，這支股票連十分鐘都不該持有。

15

不焦慮的投資法

定期定額現在要停扣嗎？

　　台股在本週站上了 17,000 點。以前很多人問我：「指數這麼高了，還能進場嗎？」我都回答：「你若擔心，就去辦定期定額吧！」現在的問題變成了「指數這麼高了，定期定額要停扣嗎？」

▌ 定期定額的三個目的

　　回答這個問題之前，我們先來探討辦理「定期定額」的目的何在？

　　一、希望強迫自己每個月都拿出固定的一筆錢來做投資。

　　二、長期執行下去，希望可以讓持股成本趨近於長期的平均水準。

　　三、如果扣款買進的標的是 0050 或 0056，則可以不必再費心選股，達到風險完全分散的效果。

　　如果你同意以上這三點，我才能繼續來表達我對於「該不該在此時停扣」的看法。此外，如果你還沒有辦定期定額扣款，現在要開始執行了嗎？

因為在高點，所以要停扣？

　　假設現在是 8,000 點，我想沒有人會問這個問題，就是因為現在絕大多數的人都認為是高點，所以才想說是不是不要在股價最高的時候繼續執行。

　　有一個網友甚至說：「該等六、七月股市下跌之後再繼續。」

　　我要請問大家，現在誰能「確定」是高點？台股剛破 10,000 點的時候，大家也說要居高思危，結果現在來看，大家都說大概很難再跌破了。看著台股突破三十年前的歷史高點 12,682 點之後，似乎完全沒有任何天險，一路突破登上了 17,000 點。

　　每突破一個千點關卡，大家都說是高點，這是人性。如果過了一年來看，現在根本是低點，結果你卻在這裡停扣，是不是就會錯過繼續增加部位、享受上漲獲利的機會？

　　那位網友提到「六、七月股市下跌」的說法，他能「確定」這個判斷是對的嗎？或許他是看到某些專家的看法，但他能「確定」這些專家的判斷是對的嗎？

　　對指數高點的判斷，或是對指數高點出現時間點的判斷，其實都只是「猜測」，這就是我常說的「『我不知道』才是正確答案」。

你之所以採用定期定額的投資方法，就是不希望對進場時機感到焦慮，但你現在想要停扣，不就是又在焦慮進場時機了嗎？

如果你現在停扣，就算事後真的跌下來了，但你或許會判斷還要跌，你又不敢繼續扣，到底要跌多少才要恢復扣款？我想你會天人交戰非常久。

如果你停扣一段期間，這些本來要投資的錢可能會被你胡亂花掉，或是去買以為會逆勢上漲的股票，結果反而很可能讓你賠錢。

千萬不要自以為聰明去停扣。長期執行下去，就可以規避任何時間點判斷錯誤的風險。因此，**任何時間點都可以開始執行定期定額的投資方式。**

我對於 0056 的投資建議永遠都是「隨時都可買，買了忘記它。」所以最適合定期定額。

我對於 0050 的投資建議則是「日 K<20，買；日 K>80，賣。」所以也可以用定期定額嗎？我認為當然也適用，因為這幾年要等日 K<20 並不容易，若因此都不進場，也會錯過上漲的機會，所以我也願意修正我對 0050 的投資建議如下：

一、繼續採用「日 K<20，買；日 K>80，賣」賺波段差價。

二、採用定期定額的方式持續買進，到底要不要在日 K>80 的時候賣出呢？你再自己決定是要落袋為安呢？或是一直持有下去呢？

最後，我建議定期定額買進的標的最好不要是「個股」，就算是台積電，我也不建議。因為個股都有產業景氣或經營上的風險，甚至都有可能出現突發利空，真的不適合「長期」執行下去，這樣永遠都會焦慮停扣或進場的時機。

你之所以採用定期定額的投資方法，就是不希望對進場時機感到焦慮，但你現在想要停扣，不就是又在焦慮進場時機了嗎？

16

台股創新高的「理由」以及「因應策略」

爆出天量 6,449 億元之後的台股，會漲？還是會跌？

　　台股在 4 月 22 日爆出了 6,449 億元的破紀錄歷史天量，看空的人會說要反轉向下了，看多的人說「新天量之後必有新天價」，究竟誰才是對的？請放心，在這篇文章裡，我不會說「我不知道」，我會明確說出未來會漲，還是會跌？

▍新天量之後必有新天價？

　　我先說答案，我認為還會有新天價，也就是說當天盤中最高點 17,428 點，應該不會是歷史最高點。理由很簡單，就是所有技術分析派都相信的鐵律「新天量之後必有新天價」，以及「量先價行」。

　　今年第一次看到成交量超過 4,000 億元，是在 1 月 6 日。當天成交量為 4,350 億元，指數開高走低，盤中上下震盪 360 點，收黑 K 棒，指數收 14,983 點，在 15,000 點整數關卡前，很多專家說要反轉了，結果呢？現在已經超過 17,000 點了。

2 月 26 日，歷史再度重演，當天成交量 4,332 億，收黑 K 棒，當天還大跌 498 點，收 15,953 點，又有很多人看空，結果呢？幾天後確實小跌、並整理很久，然後就繼續漲到 17,000 點之上。

4 月 14 日，當天成交量來到 4,848 億，開高走低再拉高，盤中一度重挫 265 點，但隔天直接上漲 210 點，突破 17,000 點。

每次出現新天量時，當天行情都是劇烈震盪，讓人認為這種套牢量一定會壓抑行情的上漲，但每一次的「新天量」之後，幾乎都出現「新天價」，這一次看到 6,449 億元，沒道理不再上演一次突破歷史新高的老劇情，不是嗎？

我認為目前的歷史新高點 17,428 點，一定會被突破，但這一次的成交量實在太大，所以高檔整理的時間也一定會比較長。不過，要我預測會漲到幾點？我的答案還是那 4 個字：「我不知道」。

如果未來再也看不到 6,449 億元以上，可能就真的會出現「歷史最高點」了。

不過，「新天量之後必有新天價」是否 100% 正確？那也未必。台積電的「新天量」出現在 1 月 22 日，當天收 649 元，比前一天的盤中歷史最高價 679 元，已經跌了 30 元，然後跌到 591 元才止跌，之後反彈也不過只來到 668 元，就一路下跌到 600 元徘徊，真的沒有看到「新天價」。我當然不敢鐵口直斷說，它未來一定不會突破 679 元，但相對大盤一路創天價，它卻欲振乏力。

既然「新天量之後必有新天價」也可能在這一次成交量高達

6,449 億時，成為這個鐵律的例外，那該怎麼辦？

那就是要確定，你手中的持股能不能讓你安心套牢、甚至還可能套牢很久？如果你的持股是因為這一波的題材才大漲的話，還是建議你賣掉部分持股、落袋為安，讓部位減少、讓現金增加。如果你的持股確定未來每一年仍如以往都會配息，而且絕對不會倒閉下市，就不用太過擔心，這就是我說的「可以『安心套牢』的標的」。

▎不要輕言行情已到終點

關於「台股未來會漲，還是會跌？」這種問題，我情願回答「會漲」，因為如果我說「會跌」，很可能你就會去買「元大台灣50 反 1」（00632R）了。

去年 2020 年新冠疫情爆發初期，股市重挫到 8,523 點，00632R 確實大漲了一波。後來全球疫情持續嚴峻，股市卻反向大漲，害很多看空的人一路買 00632R，現在套牢非常嚴重。誰說台股這一波大漲，每個人就一定會賺錢？買 00632R 的人大概已經賠到欲哭無淚了。

每次出現新天量時，當天行情都是劇烈震盪，讓人認為這種套牢量一定會壓抑行情的上漲，但每一次的「新天量」幾乎都會出現「新天價」。

17

其他國家的 ETF 可以買嗎？

該不該買越南的 ETF ？

　　最近有一檔連結越南股市的 ETF（00885），非常火紅，上市第一天被投資人瘋狂搶進，溢價居然超過 17%。該不該買呢？現在是進場的好時機嗎？

　　如果這個問題改成問我：「『會不會』買？」我會回答說：「不會。」如果你再接著問；「因為現在是『溢價』狀況，所以才不會買嗎？」我會回答說：「不管任何狀況，我都不會買。」

　　是因為我不看好越南股市未來的發展嗎？

　　我不是因為「不看好」越南股市而不買，而是因為「不知道」越南股市，所以才不買。

　　每一支新的基金在推出的時候，當然會強調它投資標的的成長性。如果你不期待投資之後會有收益，你怎麼可能去買進它？

　　00885 當然也不例外，它一定要強調未來越南經濟具備高度成長性，因此現在投入越南股市，當然就充滿了獲利的想像空間。（註 1）

　　買進 00885 的投資人對越南經濟與其股市的了解，很可能都幾乎來自發行這支 ETF 的富邦投信的研究報告（或其實只是廣告文

宣），你確定這樣就能幫助你做出正確的判斷嗎？

　　或許你也已經從很多媒體的報導中，對越南這幾年的經濟高速成長留下深刻印象，這樣當然能加強對於你買進 00885 的信心。不過，請捫心自問：

　　你是「知道」越南股市未來的發展，還是只是「聽說」呢？如果是後者，不是很危險嗎？如果是前者，你當然就比我有資格回答「該不該」買越南的 ETF 了。

　　或許很多人是因為 00885 的股價只有 15 元左右，所以覺得很便宜才想買。這些人可能是一再錯過 0050、0056 的進場時機，看著它們一路漲到了現在的 140 元以上和 36 元以上，怎麼都捨不得、甚至是不甘願用這麼「高」的價格去買，所以一直在尋找更便宜的 ETF。

　　大家都知道，**投資不是單純看「價格」低就該買，而是看「價值」是否有被低估？**有被低估，才該買進。但是，大家容易感受「價格」，卻很難評估「價值」。

　　價格即使再低，如果它沒有未來成長性，它就只會越來越低。個股或許還有機會翻身，而且只要沒有發生重大財報瑕疵，它是不會下市的。但 ETF 的價格越來越低之後，成交量就會下降，最後資產規模也跟著會縮小，萬一不到 1 億元時，ETF 會下市喔！（註 2）

　　現在 ETF 真的可以用「琳瑯滿目」、「百花齊放」來形容。我這篇文章只是以連結越南股市的 00885 做舉例，來提醒大家不應

該把 ETF 當作個股，以為也可以用「個股輪動」的邏輯來操作。

　　我之所以只買與台股高度相關的 0050 和 0056，是因為資訊取得容易，而其他股市的 ETF、其他商品的 ETF，甚至是某一產業的 ETF 都存在「資訊不對稱」的風險。換句話說，你對這些 ETF 的了解，「聽說」的成分一定遠大於「知道」。

　　如果你真的「知道」，當然就「該」買，而且也能掌握「該」買或賣的時機；如果你只是「聽說」，那又何必冒險呢？因為還是有非常多與台股高度相關的 ETF 可以供你選擇啊！

　　最後，我要聲明的是，我一直說的是「我不會買」，但從來沒有說「你不該買」。你應該要好好做功課，確定自己「知道」後，再決定該不該買。你不該以為只透過一篇文章，這麼簡單就能幫你做了決定，但這種心態確實存在於很多投資人的心中。

投資不是單純看「價格」低就該買，而是看「價值」是否有被低估？

註 1

富邦越南 00885

成立日期：2021 年 3 月 30 日

基金規模：新台幣 130.35 億元（2021/12/15）

收益分配：無

基金種類：指數股票型

追蹤指數：富時越南 30 指數

經理費：0.99%

保管費：0.23%

資料來源：富邦投信網站

註 2

小辭典 | **ETF 下市清算機制**

根據台灣的金融監督管理委員會證券期貨局規定：

1. 規模（淨資產價值）太小：ETF 最近 30 個營業日平均規模低於終止門檻（股票 ETF 終止門檻 1 億元）就必須下市。
2. 基金單位淨值（Net Asset Value, NAV）跌幅太大：最近 30 個營業日之平均 NAV 累積跌幅達 90%，就必須下市。

元大石油正 2（00672L）於 2020 年 11 月 13 日下市，富邦 VIX（00677U）也在 2021 年 6 月下市。

資料來源：台灣證券交易所

18

ETF 的股價 VS. 淨值

ETF 只要低於溢價，就可以買嗎？

上一篇談到我不會買越南的 ETF，有人留言說我是不是因為溢價太多，才不會買？也有人說，低於溢價時，他才會買。這一篇，我就來和大家談談 ETF 溢價的問題。

ETF 是追蹤指數的一種金融商品，但是除了 0050 這種高度連結台股的 ETF，投資人可以很容易取得指數的資訊之外，其他 ETF 則要去負責發行的投信公司網站查詢它所對應的指數，而它則以「淨值」的方式來表達。

當它的價格高於淨值，就是屬於「溢價」的情形，它的價格很快就會跌回淨值。反之，如果它的價格低於淨值，則稱為「折價」，它的價格當然也會很快漲回淨值。

所以我才常常說，ETF 和個股最大的不同，就是它沒有「想像空間」。如果折價時，趕快買，就會賺；發現溢價時，就趕快賣，等跌回淨值再把它買回來，也可以賺。

如果用這個方法買賣 ETF，不就很容易賺到錢了嗎？甚至只要開發一個 APP 程式（或許早就有了），每一個人都可以賺到錢。不過，這牽涉兩個實務上的問題，一是如果它的成交量很少，你不

一定買得到，或賣得掉；二是如果大家都用這方法，誰會用折價賣？誰又會用溢價買？

這跟個股不一樣，因為個股充滿想像空間。你對這支股票未來的期待（或夢想）越大，它的「溢價」就越大，所以買賣個股會賺錢的人，就是他們擁有「資訊不對稱」的優勢。

以越南 ETF 溢價為例

不過，現在的投信公司必須營造出想像空間才有投資人會來買，也才會在市場競爭中勝出。以我上一篇提到的 00885（越南 ETF）為例，投信公司當然要描繪出越南經濟發展的美好遠景，大家才會來買，不是嗎？它掛牌的第一天（4 月 19 日），溢價幅度驚人，就是投資人對越南股市抱持著高度的想像性，之後的幾天溢價幅度才大幅收斂。

從掛牌第一天的最高價 18.25 元，到 5 月 7 日跌到 15.57 元，跌幅 14.7%，這並非都是溢價收斂的關係，而和越南股市本身也有關係。

以同樣的這段期間來比較，台股指數從最高點 17,709 點跌到 17,285 點，跌幅是 2.4%。0050 跌了 0.9%，0056 跌了 1.2%。

我相信 0050、0056 一定是大家最熟悉的 ETF，為什麼不買？反而對不熟悉的越南股市趨之若鶩？我猜可能是 0050、0056 已經漲很多了，價格都漲到以前想都不敢想的高點，所以大家認為只有十幾元的越南 ETF 更有上漲的空間。

　　我絕不敢說越南股市未來不會大漲，我只是提醒大家，買「知道」的股票是「投資」，買「聽說」的股票則是「投機」。我相信在台灣了解越南股票的人是少數中的少數，一般投資人怎麼可能懂？

　　買 ETF 絕不是只看溢價或折價來買賣，而是你必須判斷這支 ETF 連結的市場或商品未來有沒有成長性。如果它沒有成長性，即使折價很多都不該買，屆時不是「股價來追淨值」，而是「淨值去追股價」。「判斷」太難了，還不如去買你本來就「熟悉」的 ETF。

　　除了 00885 之外，還有哪些很熱門的 ETF 也充滿想像空間呢？（註1）

　　例如連結大陸股市的中信中國（00752）。大多數人都認定台股在高點，陸股應該還會有很大的漲幅，所以套用個股買賣的邏輯「賣掉高基期，買進低基期」。以前述同樣的期間，00752 從高點 30.53 元跌到 29.29 元，跌幅 4.7%，並不能證明「低基期」就一定會漲，結果比台股、0050、0056 跌更多。

　　例如強調 5G 產業的國泰台灣 5G+（00881），以及元大全球未來通訊（00861）。大多數專家都對 5G 未來的發展充滿了高度的期待性，但同一期間，前者跌 0.8%，後者跌 2.0%，跌幅與 0050、0056 約略相當，並沒有特別突出，跟它們上市的熱絡情形來比，可說是有點「雷聲大，雨點小」。

　　即使你不買 0050、0056，我也建議你該買的是連結台股的

ETF，因為你「知道」它們，而絕不只是「聽說」罷了。

買「知道」的股票是「投資」，買「聽說」的股票則是
「投機」。

註1：近期熱門 ETF

股票代號	ETF 名稱	投資標的
00885	富邦越南	追蹤富時越南 30 指數，有「越南版 0050」之稱。
00752	中信中國 50	包含 50 檔包括阿里巴巴、騰訊、美團、經東、建設銀行、拚多多等 50 檔 A 股等，以中國科技類股居多。
00881	國泰台灣 5G+	台灣第一檔 100% 鎖定台廠 5G 科技股的 ETF
00861	元大全球未來通訊	聚焦於 5G 營收公司，像通訊設備廠、手機品牌業、電信業、基地台電塔等，持股比例超過一半都在美股。

19

2021/05/14

0050、0056 **是最佳選擇**

還會出現盤中千點以上的重挫嗎？

5 月 12 日當天，曾因國內疫情突然出現嚴峻的情形，盤中一度重挫 1,417 點，破了史上的跌點紀錄，最低來到 15,165 點。隨後展開強力反彈，當天收斂跌幅，最後「只」跌了 680 點。到了 5 月 14 日，收 15,827 點，雖不滿意，但尚能接受。未來還會出現千點以上的重挫嗎？

5 月 7 日出現了 29 個本土病例，看來要進入第 3 級防疫警戒，已難避免，所以盤中再次出現千點以上的重挫，我認為是非常有可能的，甚至 5 月 17 日就會出現。

如果 5 月 17 日沒有出現，或是就算出現，但最後也是快速收斂，收長長的下影線，那麼當天的最低點，或是 5 月 12 日的 15,165 點，可能就是此波下跌的滿足點。

不過，變數可能還是每日確診人數是否會慢慢減少，或是會不會正式宣布進入第三級防疫警戒？如果繼續增加，以及是否進入第三級的不確定因素一直存在，那麼盤中重挫千點就會經常發生。

那該怎麼辦？

如果你一直都是透過選股，希望賺價差的人，那我只能請你

自求多福了。因為我在這裡寫專欄，一直就是希望推廣「不要再選股」，以及「追求穩定股息」的投資理念，所以我也只能就0050、0056，給你一些建議。

█ 選市不選股

我的0050操作策略始終都是「日K<20，買；日K>80，賣」。如果你照著這個紀律在執行，現在應該早就是空手才對。就算你沒有賣，今年出現日K<20的時候，0050大概在128～130元，所以你現在頂多就是處於小賠的狀況。如果你是從好多年前就持續買進，而且只進不出，現在當然更不必擔心。

如果你因為一直等不到日K<20而進場的話，現在頂多虧損10%，約略與大盤相當，而且它不可能下市，每年都還有穩定股息可領，也無須過度焦慮。

如果你還有資金可以進場，或是你已經等很久，一直找不到進場的時機，以下就是我的建議：

現在日K大約在30左右，應該很有機會來到20以下，可以考慮我上述的紀律，來自己決定進場的時機。不過，請預留部分資金，不要一次All-in，以免有機會看到日K<10時，已經不能再買了。

如果有機會看到盤中重挫千點時，建議你勇敢進場，當然這也

是請你預留部分資金的理由。

　　要不要等到日 K<10 再進場呢？因為這是空頭市場的紀律，但這必須觀察一個月內是否能回到季線 16,550 點附近？如果真的回不去，才能確認進入空頭市場，才要採取「日 K<10，買進」的紀律。你若是極度保守的人，就耐心等待看到日 K<10 的時候，再進場吧！就算你真的這麼保守，如果有機會看到盤中重挫千點時，還是建議你勇敢進場。

　　5 月 12 日當天重挫 1,417 點時，0050 曾經來到最低點 121.2 元呢！

　　你會想等到跌到 100 元以下才進場嗎？或許真會看到，但請你一定要耐心等待，千萬不要在等待的過程中，相信自己有超凡的選股能力，可以找到逆勢大漲的個股！這樣可能會很慘，或許還不如套牢在 0050 身上。

　　0056 呢？我一向把它看作是「定存股」，買來領股息的，所以我對它的操作策略永遠都是「隨時都可買，買了忘記它」。

　　以往很多人都認為 0056 的天花板價就是 30 元，沒想到它在 4 月底還突破了 36 元，所以大家對它股價的認知區間應該要提高到 30 ～ 36 元。本週 0056 隨著大盤急殺，從最高價 36.17 元直接殺到 5 月 12 日的最低點 32.07 元，現在大約在 33 ～ 34 元，換算股息殖利率，至少在 5% 左右。

　　如果你是定期定額買 0056，千萬要持續下去，因為跌越多，不就可以買更多嗎？我希望你還有資金，因為如果有機會看到盤中

重挫千點時，我會建議你勇敢地買整張 0056。

　　如果你還是認為 120 元以上的 0050 好貴，買不下手，但我建議你值此亂世之際，還是該買一些 0056。

　　有大利空，才有讓股價大跌的機會，不是嗎？大漲的時候，不敢買，還說得過去，但如果大跌的時候，也不敢買，那你根本不可能開始為退休做打算。

　　不過，我要做兩點聲明：

　　一、以上建議不可能確定讓你買到「絕對」最低點，所以一定要有「大不了套牢」的心理準備。0050、0056 不會下市、每年都有股息可能，就抱定「套牢領股息」的最壞打算吧！

　　二、進場與否？請自己決定。真的完全不敢進場，就別勉強自己進場。

　　這必須觀察一個月內是否能回到季線 16,550 點附近？如果真的回不去，才能確認進入空頭市場，才要採取「日 K<10，買進」的紀律。你若是極度保守的人，就耐心等待看到日 K<10 的時候，再進場吧！

20

2021/05/21

不要再選股，大不了套牢

寫給近期套牢在個股上的朋友

　　很多網友雖然知道我只買 0050、0056，但還是常常會問我某支個股該停損，或是該留？或是該停損在多少錢？因為我對個股「基本面」都沒研究，所以無法給建議，但或許可以就「技術面」給點建議。

　　以下的判斷方法當然不可能 100% 正確，如果真能做到，投資個股不就太簡單了嗎？所以僅供大家參考。此外，如果你手上真的和我一樣只有 0050、0056，以下的文章也不必看了，因為這兩支真的可以「大不了套牢」。

　　近期台股從 5 月 12 日盤中暴跌到 15,165 點，到 5 月 21 日收盤 16,302 點，反彈幅度為 7.5%。同一期間，0050 反彈 9.2%，0056 反彈 6%。如果你手上的個股連 6% 的反彈幅度都沒有，為什麼還要相信自己有選股能力？

　　我相信各位手上多少都有一些個股，所以提供以下的方法，讓你來預測該在什麼價位賣出？如果你在大跌時有買，這個價位就可以視為「停利點」；如果是在高檔套牢的個股，這個價位就可以視為「停損點」，也就是你可能讓你損失最小的地方

▍以台積電為例

　　以下我將用台積電來做舉例，各位可以自行套用在你所持有的個股上。

一、黃金切割率

　　第一個方法是用「黃金切割率」來判斷。但我不想做數學的解釋，只想直接告訴各位答案，若要問為什麼是以下 3 個比率？請自行 Google。

　　台積電最高價出現在 1 月 21 日的 679 元（真的是好久以前了），最低價則是 5 月 12 日的 518 元。

　　首先，用最高價減去最低價，得到下跌的總金額是 161 元。

　　679 － 518 ＝ 161

　　再來用下跌總金額去乘以 3 個比率（就是黃金切割率），加上最低價 518 元，就能得出 3 個反彈滿足點：

　　161 × 0.382 ＝ 61.5，61.5 ＋ 518 ＝ 579.5，這是它的「弱勢反彈」滿足點。

　　161 × 0.5 ＝ 80.5，80.5 ＋ 518 ＝ 598.5，這是它的「中等反彈」滿足點。

　　161 × 0.618 ＝ 99.5，99.5 ＋ 518 ＝ 617.5，這是它的「強勢反彈」滿足點。

每一支個股能呈現哪種反彈？當然不一定，但一般來說，至少可以有個弱勢反彈。如果連弱勢反彈都沒有，真的就直接停損、別留戀了。

台積電 5 月 21 日收 573 元，很接近弱勢反彈了。我認為以台積電的經營能力與產業競爭優勢來看，至少應該可以看到中等反彈。到底會呈現哪種反彈？這就是你要好好研究的「基本面」。

我大膽結論，台積電會反彈到 598.5 元附近。

其實也差不多接近 600 元的整數關卡，或許也是很多人想賣出的價格。

二、移動平均線

第二個方法是用移動平均線來看壓力點。常用的移動平均線有週線（MA5）、月線（MA20）、和季線（MA60）。這個在每個網站的每支個股的「技術分析」上都可以找到。每支個股的這三條均線的高低位置並不一樣，如果你的個股價格都在這三條均線之下，由最低到最高，就是它不同的壓力點。換句話說，碰到每一條線，都有可能過不去，也是你可以考慮停利或停損的價格。

再以台積電為例，它的週線在 565 元、月線在 581 元、季線在 596 元。它 5 月 21 日收 573 元，所以已經突破最下面的週線，快到月線，但離季線還有一段空間。

我再大膽結論一次，台積電會反彈到季線 596 元附近。

綜合兩個方法的結論，台積電的反彈滿足點在 595 ～ 600 元之間。

各位可以自行用以上兩個方法來推算你手上個股可能的停利或停損點。不過，這真的僅供參考，還要參考個股的基本面，但這樣是不是很麻煩？所以買 0050、0056，是不是很簡單、很安心？何必再費神選股呢？

提供以下的方法，讓你來預測該在什麼價位賣出？如果你在大跌時有買，這個價位就可以視為「停利點」；如果是在高檔套牢的個股，這個價位就可以視為「停損點」，也就是你可能讓你損失最小的地方

21

全球熱錢大亂竄

為什麼疫情越嚴重，股市越漲？

最近跟一個年輕朋友聊天。他從周遭染疫朋友的遭遇來觀察，對未來疫情的發展感到很悲觀，但又很困惑，為什麼股市卻一直漲？或許這也是很多網友的疑惑，我在此一併分享我個人的看法。

這個問題在網路上也是熱門的話題，有個網友回答得很好：「看國外股市的表現就知道啦！」全球疫情在去年的嚴重性，遠遠超過台灣，但他們的股市不也是一開始雖然大跌，但之後就一路大漲至今嗎？現在台灣的情形正和國外去年，甚至迄今都一樣，別人能漲，我們當然也能漲啊！

除此之外，我認為還有兩個原因，一是利率太低，二是大家都宅在家。

▍銀行利率太低

自從 2008 年金融海嘯以來，各國利率都是只降不（敢）升，更何況疫情對全球經濟的衝擊，讓各國央行更不敢升息。以目前銀行定存利率只有 0.8% 左右來看，連通貨膨脹率都無法打敗，誰又想把錢存在銀行呢？

　　大家當然想盡辦法要為自己的資金找個出口，買保險來投資太慢了，買房地產太貴了，買外匯、黃金、債券太難賺了，這時股票投資成了最佳的選項。它的資金門檻不高，甚至幾千元就能進場，而且資訊門檻也低，因為到處都可以搜尋到股市相關的訊息。

　　尤其今年 2021 年股市從 14,732 點，短短五個月，就一度漲到 17,709 點，漲幅超過 20%，怎不吸引人呢？如果身邊的朋友跟你吹噓買航運股、鋼鐵股，都是翻好幾倍在賺，一般人怎能不心動呢？

　　雖說 5 月 12 日那天盤中一度重挫 1,417 點，大盤還一度殺到 15,165 點，大多數投資人都是哀鴻遍野，但短短十二個交易日，5 月 28 日又漲回 16,870 點，反彈了超過 11%，又聽不到大家的哀號聲了。

　　不要再認為「疫情越嚴重、股市應該大跌」了，你如果現在還在場外觀望，可能就是人生永遠的輸家了。

　　不過，我不會建議你當「航海王」去買航運股、或是當「鋼鐵人」去買鋼鐵股、也不希望你當「蜘蛛人」去買紡纖股，因為它們都漲了一大段，現在進場，就很可能等著高檔套牢，甚至可能套牢終身。

　　那麼，該去買近來熱度退燒的電子股嗎？我認為台積電無法有效站穩 600 元的話，電子股就不會再受投資人青睞。大盤 5 月 28 日收 16,870 點，是近期高點 17,709 點的 95%，但台積電收 590 元，只是近期最高價 679 元的 87%，護國神山顯然已經不再是投資人的最愛了。

　　我建議你該做的投資，就是定期定額去買 0050 或 0056。**我們情願「參與」市場，也不該「預測」市場。**它們因為風險完全分散，所以絕不可有能像很多個股一樣的漲幅，但它們幾乎可以複製大盤的漲幅，而且絕不可能下市，每年也有穩定的股息可以領。

　　和 0050、0056 類似的 ETF 都可以買，但我不建議去買產業型的 ETF，因為產業起落當然大於大盤的起落，也不建議你去買不熟悉的國外股市的 ETF。最不該買的是反向 ETF，千萬別認為「現在股市大漲是假象」，然後認為這樣做就可以賺到下跌時的獲利。買反向 ETF，是在「預測」市場，而不是在「參與」市場。

▌全民宅在家

　　第二個股市大漲的原因是「宅在家」。以前上班看股票還得偷偷摸摸，現在因為疫情嚴峻，很多人都改在家上班，看股票就可以正大光明，下單買賣更是毫無顧忌，當然就會心動手癢。

　　也正因為買賣容易，大家開始熱衷當沖，甚至一買一賣連成本都不必了，怪不得近日成交量動輒都是五、六千億元，其中幾乎一半都是當沖的金額。大家都認為按幾個鍵，就賺到幾千元、甚至幾萬元，真是太輕鬆了，但萬一你買的個股當天跌停板，你想賣卻賣不掉，就有可能變成違約交割，造成你終身信用的瑕疵。

▌樂活大叔也當沖？

　　我最近因為通告、演講都被取消，所以也能在盤中看盤，有一

天也手癢玩起了當沖。我因為手上有很多 0050，所以可以先賣再買，萬一買不回來，就當作獲利了結。我當然也可以先買再賣，萬一不漲反跌，賣不掉，那就再增加持股，我也可以接受。當天我做了三趟，也把整個過程 PO 在個人的臉書粉絲專頁「樂活分享人生」。

我認為你真的想做當沖，就該有「賣不掉，就算增加持股也無妨」的心態，否則就不要玩當沖，我稱之為「樂活當沖術」。最要不得，也最危險的就是「無本當沖」。如果當天能夠如願買低賣高，當然可以無本，但總得想萬一事與願違，賣不掉，該怎麼辦？千萬別以為這些鼓吹「無本當沖」的專家達人真的無本，他們當然有本！

結論是這個大盤縱有因為消息面而回檔的可能，但目前真的看不出來有任何利空，會讓它跌回 15,000 點，更遑論跌到 10,000 點以下。找一個安全的方法「參與」市場，但不要「預測」市場。

我認為你真的想做當沖，就該有「賣不掉，就算增加持股也無妨」的心態，否則就不要玩當沖，我稱之為「樂活當沖術」。

22

想賺個股價差？

如果只有 15 萬元，該買什麼股票？

　　看過我的書的讀者，都猜得到我一定會這樣回答：「就買 0056，然後買了忘記它」，但有多少人真的會這麼做呢？因為錢少，反而想賺多一點，所以可能根本不想買股價漲勢慢吞吞的 0056。今天我想分享兩個網友私下告訴我的投資故事。

　　這兩個網友很巧都只有不到 15 萬元的資金，我姑且稱他們為 A 和 B。A 網友有拿其中的 1 萬元買 0056，B 網友則根本沒買 0056，結果 A 賠了快 3 萬元，B 賺了快 3 萬元。

　　A 網友既然賠錢，我就來探討他的投資策略，B 網友既然賺錢，想必他的投資策略當然是正確的，但真能這麼認為嗎？以下，我就來和大家分析兩人的投資策略：

▎ A 網友

　　A 網友總共買了 8 支股票，其中用 1 萬元左右買了 300 股 0056，是他的投資組合中唯二賺錢的標的，但另一支也不過小賺 100 多元。這 8 支股票，只有 2 支是買整張，其他都是零股，股價從 10 幾元到 80 幾元都有。最讓我訝異的是其中有 4 支股票是我聽

都沒聽過的。雖然我不買個股，但總是聽過很多股票吧？他居然有一半的持股是我完全陌生的，原來都是興櫃股票。

問他為什麼要買這4支股？他說它們都是防疫概念股。其實，除了0056之外，其他7支都和「防疫」有點關聯。

我先不論A網友的賺賠結果，想請問大家，他的問題出在哪裡？或許你也犯了同樣的錯誤喔！

一、他同時買了太多支股票，光要管理它們，就是一個讓人非常傷神的問題。如果你只有15萬元的資金，我建議絕對不該超過3支。

二、誤以為買越多支股票，越能達到風險分散的效果。他其實買的都和「防疫」有關，就算買再多，其實根本沒有分散的效果。要分散風險，要買產業完全不同的股票才對。

三、那4支興櫃股票，我就不相信他有研究過，可能都是從媒體上看來的，或是從親朋好友那邊聽來的。買任何個股，都要認真做功課，怎麼可以到處聽明牌？我之所以建議大家可以買0050、0056，就是可以根本不必研究任何個股的基本面了。

四、那4支興櫃股票，並不是透過集中市場（上市、上櫃）來交易，買賣都不方便。買個股，一定要成交量夠大，才能想買就買

得到，想賣也賣得掉。

五、我相信他一定是我的粉絲，所以也知道 0056 是很安全的投資標的，但卻又不甘願每年只領股息，所以想賺個股價差來加速累積財富，結果反而讓自己「體驗到整天心情不好的感覺了」。

▌ B 網友

如果你真的想賺個股的價差，那麼 B 網友的賺錢方法，或許你可以參考，至少他做對了五件事：

一、他在 5 月 12 日之後才開始買了人生第一支股票。光憑這一點，就幾乎立於不敗之地了。他真的做到了巴菲特說的那句話「別人恐懼，他貪婪」。

二、他只有兩支股票，股價都只有 10 幾元。只有兩支股票，當然好管理。

三、他買一支紡纖股，和一支航運股，都是這波漲勢的主流股。買個股，當然要買主流股。今年電子股已非主流，而且股價相對很高，他錢不多，也正好避過。

四、這兩支股票每天成交量都至少有好幾萬張，買賣
非常容易。

五、他真的有做功課，因為這兩支股票都有轉機題材。

B網友目前一支已出清，另一支也賣了一半，他昨天又開始
買進第三支了，看來也很有獲利的機會，而且還是維持手中只有
兩支股票。

看到B網友的成績，我也有點心動，想要開始選股賺價差了。
不過，我在恭喜他之餘，也要提醒他不要期望每一次的選股都能
非常正確，因為他還沒有買錯的經驗，這反而會是他投資路上的
最大風險。

每個人都不希望成為A網友，但你真的能不犯和他一樣的
錯誤嗎？每個人應該都希望成為B網友，但你能有跟他一樣的選
股能力嗎？

買任何個股，都要認真做功課，怎麼可以到處聽明牌？我
之所以建議大家可以買0050、0056，就是可以根本不必研
究任何個股的基本面了。

23

主題式 ETF 可以買嗎？

比較 0050、2330 和半導體 ETF

　　有個擔任外商銀行總經理的朋友問我：「**你覺得從現在開始算三年，0050 跟台積電，誰的表現會較好？**」你也有同樣的問題嗎？現在我就用這篇文章來回答，最後也會來談一下最近上市的兩檔半導體 ETF。我用以下兩點回答他：

　　一、我認為自己沒有能力取得足夠的資訊來判斷台積電的未來，所以我只能買 0050。

　　二、我已經沒有固定的收入，所以風險是我的優先考量。個股都有各自的風險，0050 則做到風險的充分分散，所以我還是只能買 0050。

　　相較之下，你比我有資格買台積電。你有機會拿到更多的資訊，也還有固定收入對抗個股風險。

　　他的回答如下：「你講得太有道理了。**判斷決定於個人的條件，與對風險的管理，這才是投資時最優先的考量。正確的投資應**

先聚焦於理念的思考，接下來只是去執行它。」

　　他是金融頂尖人才，也絕對稱得上是投資專家。他把我的回答歸納出一個更精確的說法，換句話說，**任何專家的建議不可能適用於任何人，還要先取決於你有什麼條件。**

▌條件不同，投資策略也不同

　　所有投資人最關心的問題，不外乎「要買什麼？」和「什麼時候買？」專家告訴你要買什麼，但你可能連那家公司是做什麼都不知道，就這樣立刻去買，這是非常危險的。他告訴你買什麼，但他有機會告訴你什麼時候要賣嗎？

　　如果你很有錢，或許可以這麼做，因為你有承受風險的能力。但一般來說，會問這些問題的人應該都是小資族。就算你拿的是不會影響生活的錢來買，但賠了幾次之後，有可能你只剩下能應付生活所需的錢了。別忘了這也是一種機會成本，因為如果你做了適合自己的投資，是有機會賺錢的喔！因為你的資金不多，所以每一次的賠錢，你都要想又少賺了一次，所以怎能到處聽明牌，胡亂買呢？

　　後來他又回了我一段話：「我對台積電的了解也只有公開資訊，他們這種檔次的公司，不會給任何人超過法說會的資訊。」

　　連他已經位居外商銀行最高階主管的條件，都很難拿到台積電第一手的資訊了，為什麼平凡如你我的人，會自以為真的「知道」台積電未來的發展呢？換句話說，想從個股投資獲利，一定要知道

「內線消息」，但請你自問，你有任何公司的內線消息嗎？

▍半導體 ETF vs. 台積電

既然 0050 具備比台積電更好的風險分散效果，那麼最近新上市的兩檔半導體 ETF（00891、00892），是否也和 0050 一樣，能比單獨投資台積電的風險要低呢？（註 1）

所有個股都有兩種風險，一是來自「個別公司」的經營能力，二是來自「所屬產業」的發展遠景。

0050 的風險分散效果是，它的成份股有 50 家公司，不容易受到「個別公司」的利空影響，而且它涵蓋各種不同的產業，也不容易受到「個別產業」的淡旺季影響。

半導體 ETF 的風險分散效果是，**它排除了「個別公司」的利空影響，但它無法對抗「個別產業」的景氣變化。**

台積電在台灣半導體產業是一枝獨秀的，所以它對這兩檔半導體 ETF 的影響絕對是舉足輕重。它好，其他半導體公司才會好，它若不好，其他能好嗎？但是它好，也不代表這兩檔半導體 ETF 的每一支成分股都一樣好，所以它的整體績效有可能會被某幾支表現不好的個股所拖累。

以我的條件，要我比較這三支，我優先會買 0050，其次考慮台積電，但根本不會去買半導體的 ETF。

很多專家從成分股的比例來分析這兩檔半導體 ETF 的優劣，我覺得這已經是枝微末節的事，因為差異不大，又何需費神去研

究、去比較？

　　每一個人的條件都不一樣，就請你自己決定想買哪一支了。

　　專家告訴你要買什麼，但你可能連那家公司是做什麼都不知道，就這樣立刻去買，這是非常危險的。他告訴你買什麼，但他有機會告訴你什麼時候要賣嗎？

註 1

中信關鍵半導體 00891

成立日期：2021 年 5 月 20 日
基金規模：新台幣 99.69 億元（2021/12/15）
收益分配：季配
基金種類：指數股票型
追蹤指數：ICE FactSet 臺灣 ESG 永續關鍵半導體指數
經理費：0.4%
保管費：0.035%

資料來源：中國信託投信官網

富邦台灣半導體 00892

成立日期：2021 年 06 月 02 日

基金規模：新台幣 70.38 億元（2021/12/15）

收益分配：一年兩次

基金種類：指數股票型

追蹤指數：ICE FactSet 台灣核心半導體指數

經理費：0.4%

保管費：0.035%

資料來源：富邦投信官網

24

「合理」的投資報酬率

該不該努力追求提高投資報酬率？

　　曾經有個財經雜誌的總編輯問我：「你為什麼不透過選股，來設法提高投資報酬率？這根本違反人性啊！」誰不想追求賺更多錢呢？所以當然是「應該」，但問題是「做得到嗎？」

　　我不是財經媒體喜歡邀請的專家，因為我永遠只講兩支ETF，而且也只有兩招，對於知識需求量很大的媒體來說，真的並不合適。

　　財經媒體喜歡講「個股」的專家，因為內容可以非常地豐富，不只有充滿利多的基本面分析，還配上一路上漲的技術線圖，讓讀者心想「如果我買的是這一支，不就能賺大錢了嗎？」

　　每一個投資人都希望每一次都挑到會漲的股票，然後買在起漲點，一買就漲，最後賣在起跌點，一賣就開始跌。我相信你總會發生過幾次這麼美好的事情，但不可能永遠都心想事成，只要賺多賠少，其實已經是股市贏家了。

　　你是嗎？

　　大部分的投資人都不是，都是賠多賺少，甚至有人從來都沒有買對過股票，或是從來都沒有在對的時機買賣過。既然一直賠錢，

所以更該努力學習投資知識、更該努力鑽研投資技巧，相信總有一天會成為投資贏家。

你夠努力嗎？

有人真的很不努力，只知道到處打聽明牌，以為有好心人能幫他賺錢，但請想想，別人有義務幫你賺錢嗎？既然沒有，你為什麼這麼容易相信別人？

有人真的非常努力，各種財經書籍、財經節目、財經講座都不放過，甚至花大錢去上財經課程，結果呢？有用嗎？

「努力提高投資報酬率」當然是人性，但你若發現，再怎麼努力，都無法提高報酬率時，你反而會更沮喪、更懷疑自己。

▌風險控管

我認為真正該做的是「追求降低風險」，但沒有任何投資專家在教這件事。股票不同於銀行存款、保險，當然有價格波動的風險，但仍然是有可以控制的方法。

最起碼你不該去買任何有下市可能的股票。不過，當你在追求提高投資報酬率時，常常就會忽略這一點。

最起碼你該買就算套牢，每年也都有穩定股息可以領的股票。不過，當你在追求提高投資報酬率時，常常會告訴自己：「賺價差，比領股息快多了。」你當然該追求賺價差，但萬一沒有價差可賺，好歹你還有股息可領，而非一無所有。

很多投資專家「恐嚇」大家，如果不能填息，領股息只是把

自己的錢領出來而已。這話當然沒錯，但如果一支股價 30 元的股票，每年都能領 1.5 元的股息，只要二十年就回本，以後可以一直領到死，難道不好嗎？這種股票其實還不少！有價差就賺，沒價差就領股息。

確定有合理的投資報酬率，當然一定要勝過銀行定存利率，也至少要打敗通貨膨脹率，其實就足夠了。努力追求提高投資報酬率，說不定最後反而會賠錢（其實大部分投資人都是這個下場）。

這幾年有非常多各式各樣的 ETF 推出，供投資人選擇。大家開始努力比較，該買什麼來勝過 0050、0056 的投資報酬率。我相信一定有很多贏過這兩支國民 ETF，但有贏很多嗎？我不知道，也不要問我，因為我一點都不想「努力追求提高投資報酬率」，因為這兩支已經能夠提供我「合理」的投資報酬率。

有人說，你如果不追求快樂，反而才能快樂。用在投資理財上也是一樣，不追求提高投資報酬率，反而才會賺到穩定的投資獲利。

我相信一定有很多贏過這兩支國民 ETF，但有贏很多嗎？我不知道，也不要問我，因為我一點都不想「努力追求提高投資報酬率」，因為這兩支已經能夠提供我「合理」的投資報酬率。

25

買在平均價

2021/06/27

定期定額，每個月該扣多少錢？

　　有一個網友問我：「我每個月定期定額 1,000 元買 0050，但連 10 股都買不到。」這樣做法肯定讓人覺得沮喪。我回他「你一個月只能扣 1,000 元嗎？這麼少的錢，為什麼要買 0050？」或許你也很困惑，每個月定期定額該扣多少錢？該買 0050，還是 0056？我就用這篇文章來回答大家。

　　該扣多少錢？當然跟你的「財務狀況」息息相關，甚至和你的「年齡」有關。

　　以上面那個例子來說，這位網友一個月只能扣 1,000 元，實在是太少了，要扣到一張 0056，恐怕要三年，要扣到一張 0050，都要快十二年了，根本是很沒效率的事。

▌是「不能」還是「不肯」？

　　我不知道是他真的只「能夠」扣 1,000 元，還是只「願意」扣 1,000 元？若是前者，就只好努力提高定期定額的金額了。若是後者，是他希望多留一些錢過比較開心的生活，還是要把其他錢拿去買個股，希望賺快一點呢？

　　或許這也是很多小資族最關心的事。我希望大家多拿一些錢來定期定額扣 0050 或 0056，因為這是買「資產」，長期一定會讓你賺錢，如果你拿去消費，就只是「支出」，錢就是真的花掉了。

　　如果是把錢拿去買個股，風險相對比 0050、0056 要大，長期絕對不保證能賺錢。

　　最起碼一個月應該要扣多少錢呢？以下就年輕小資族，以及高齡且財務較優的族群，分別提出建議。

一、年輕小資族

　　我認為最起碼該一個月扣 3,000 元去買 0056，至少一年就可以買到一張。如果你想買 0050，我則認為至少一個月要扣到 10,000 元，這樣也是一年差不多可以買到一張。

　　如果你每個月能扣 20,000 元以上，可考慮 10,000 元扣 0056，這樣四個月就能存到一張 0056，來追求穩定的配息，然後另外 10,000 元扣 0050，追求股價的成長性。

　　如果你一個月可以拿出 3 ～ 4 萬元投資，而你只想買 0056 時，我就建議你不要定期定額了，就每個月直接買一張 0056。什麼時候買呢？或許看日 K 比較低的時候，就買一張。不一定要像 0050 一樣等到日 K 小於 20 才買，因為不一定會跌到那麼低。因為既然是定期（一個月）定額（一張），就無須太在意價格。如果等了一個月，都沒有低價，或錯過了低價，就一定要在每個月最後一天買。

　　如果你一個月可以拿出 3 ～ 4 萬元投資，而你同時想買 0050 和 0056 時，那就還是用定期定額。希望多「追求穩定的配息」，0056 的金額就高一些，希望多「追求股價的成長性」，0050 的金額就高一些。

　　此外，不管你每個月能扣多少錢，我都希望你要努力每年每個月至少能比前一年多扣 1,000 元，這樣才能加速資產的累積。例如，你今年每個月只能扣 3,000 元，明年每個月希望你能增加到 4,000 元，後年則增加到 5,000 元。依此類推。

二、高齡且財務較優的族群

　　在本文一開頭，我提到一個月該扣多少錢？除了跟你的「財務狀況」息息相關外，也和你的「年齡」有關。例如，如果你已經 60 歲了，而且有幾百萬元的定存，還該每個月扣 3,000 元嗎？這樣累積實在是太慢了啦！

　　來聽演講的人，或是我的朋友中，真的有很多只敢存定存，甚至存了千萬元的人。這時我都建議他們就一個月拿 30 ～ 50 萬元來買 0050 或 0056，這樣只要一、兩年就能開始領取穩定，而且遠遠打敗定存利率的股息，才不至於被通貨膨脹快速侵蝕掉你的實質購買力。

　　如果你有判斷 0050、0056 的能力，就每個月自己找低點來買，如果自認沒這個能力，還是用定期定額的方法，省得煩心。0050 和 0056 的比例分配，仍取決於你要「穩定」，還是「成長」？

　　他們有時也會問，要不要一次投入所有的錢？你真的完全不在乎股價短期的波動，就一次 all-in 吧！但有可能你一直在等低點才想要一次投入，結果卻一直等不到，例如想等跌破 10,000 點，那可能會讓你白等很多年，結果你的錢存在定存，就越來越不值錢了。

　　我認為定期定額的風險還是相對低一點。如果真的碰到股市重挫，那個月就拿 80 ～ 100 萬元來買整張吧！

　　最後在此聲明，你不一定要買 0050、0056，你也可以買類似它們的 ETF，只是因為我沒買過其他的，所以文中供大家參考標的，還是以我買過的 0050、0056 為主。

　　我希望大家多拿一些錢來定期定額扣 0050 或 0056，因為這是買「資產」，長期一定會讓你賺錢，如果你拿去消費，就只是「支出」，錢就是真的花掉了。

26

2021/07/02

風險分散才是重點

0056 納入長榮，還可以買嗎？

　　最近 0056 決定將長榮納入成分股，引來投資人的議論紛紛。有投資達人為文提出質疑，發行 0056 的元大投信則親上火線捍衛他們的選股政策。很多人問我：「0056 還可以買嗎？」

　　有趣的是，長榮也是 0050 的新成分股，甚至陽明、萬海也同時納入，但卻沒有人質疑，為什麼？（註 1）

　　我想先從這一點來表達我的看法。0050 是真正「被動」的 ETF，因為它就是以市值前 50 名的股票作為它的成份股。既然航運三雄的市值目前都在前 50 名內，當然就必須把它們都列入。

　　除了 0050 之外，也有其它完全複製台股指數的 ETF，也必然會將航運三雄列入成分股，因為台股指數就是以市值作為計算的基礎，因此這麼做是完全沒有任何疑義的。

▌ 0056 是主動型 ETF

　　0056 不是真正「被動」的 ETF，因為它的選股政策是從台股市值前 150 大的公司中，挑出**預估未來一年內股息殖利率最高的 30 家股票**，所以它其實是「主動」的 ETF。請大家特別注意

以下兩點：

一、如果某支股票的市值無法進入前 150 大，就算它的股息殖利率再高，都無法納入成分股。

二、它的選股政策是以「預估」做基礎，這就牽涉人為的判斷，所以才引起這麼大的爭議。元大投信預估長榮的股息殖利率可以列名前 30 大，但每個投資人不一定會認同，這就出現了討論的空間。

此外，有些人會擔心長榮股價已經飆上歷史天價，以後 0056 的淨值會不會因為長榮大幅回檔而受影響？這也造成了很多投資人的疑慮。

絕大多數的台股 ETF，其實都是「主動」選股，包括現在如雨後春筍般推出的「產業型」ETF，例如 5G、半導體、電動車。每支 ETF 的成分股不盡相同，持股比例也都不一樣。投資人以前要花時間研究「個股」，現在還要研究各式各樣的 ETF。

以前大家買股票型基金，就是認為自己沒有研究個股與進出時機的能力，所以乾脆把資金交給專業的基金經理人，省卻投資的焦慮。後來發現基金經理人的「主動」選股能力，也不是獲利的保證，所以開始買和大盤連動性很高的 ETF，其實心態上依舊是圖個不必花心思，然後還能賺到錢的心安理得。

　　如果連 ETF 都還要精挑細選各支的成分股，這應該和投資 ETF 的初衷相違背吧？

　　如果你看完很多關於 0056 納入長榮的正反意見，也認為元大投信不該這麼做，當然可以選擇賣掉 0056，改買其他也以「高股息」為訴求的類似 ETF。

　　如果你改買的 ETF 後來證明勝過 0056，當然要恭喜你。但是如果還是輸 0056，或是就算贏，也沒有贏很多，你要再換回 0056 嗎？或是再改買別支 ETF 呢？

　　不管是「主動型」或是「被動型」ETF，至少都有一個共同的優點，那就是「風險分散」，換句話說，每一支成分股對 ETF 的影響性都會被其他成分股稀釋掉，所以對於成分股的替換，我建議大家真的不用太焦慮。

　　最後，你可能還是希望我要說出一個明確的答案：「你還會買 0056 嗎？」如果你已經有定見，當然就不必管我的答案了。

　　我的答案是「我還是會買 0056 ！」

　　但請大家千萬別誤會，我不是因為認為 0056 比其他「高股息」ETF 好，才繼續買 0056，而是因為我太懶了！我懶得到處研究比較，也懶得換來換去。

　　每一支成分股對 ETF 的影響性都會被其他成分股稀釋掉，
　　所以對於成分股的替換，我建議大家真的不用太焦慮。

註1：0056 持股明細

排序	股票名稱	持股比例	排序	股票名稱	持股比例
1	長榮	7.68	16	亞泥	3.10
2	友達	5.90	17	兆豐金	3.05
3	群創	4.34	18	健鼎	2.82
4	仁寶	4.31	19	潤泰全	2.68
5	技嘉	4.26	20	興富發	2.65
6	華碩	3.95	21	群光	2.64
7	開發金	3.87	22	京元電子	2.35
8	微星	3.79	23	義隆	2.12
9	廣達	3.78	24	遠雄	1.98
10	大聯大	3.73	25	瑞儀	1.96
11	緯創	3.70	26	超豐	1.89
12	光寶科	3.61	27	福懋	1.82
13	英業達	3.52	28	南帝	1.75
14	台泥	3.50	29	京城銀	1.52
15	和碩	3.38	30	漢唐	1.11

資料來源：元大投信網站 日期：2021/12/15

27

買 0050，是為了追求「股價的成長」

0050 迄今尚未填息，
以後還該參加除息嗎？

0050 將在 7 月 21 日除息 0.35 元，創一年兩次配息以來最低紀錄。因為只除息 0.35 元，看來有機會開盤就填息，但各位知道嗎？他在今年 1 月除息前的收盤價是 143 元，至今尚未填息。大家可能想問，0050 以後還該參加除息嗎？

0050 在 2018 年 1 月除息 2.2 元，也曾經在經過 143 天之後才填息（註 1）。現在距 1 月除息還不到 200 天，當然不能斷言此次一定不會填息。不過，這一次比較特殊，是因為 0050 除息時，指數約在 16,000 點，如今指數曾經一度超過 18,000 點，但 0050 居然還不能填息，這倒是始料未及的。

究其原因，當然是佔 0050 持股比例最重的台積電，也與大盤走勢背道而馳。它的歷史最高價 679 元，和 0050 的歷史最高價 143.25 元幾乎同時出現，但現在台積電只有 580 元，跌了 14%，而大盤同期間反而是漲了 11%。

這是台股這二十年來非常特殊的一年，因為電子股已經不再是

台股的主流股了。「護國神山」已被以往少人問津的「航海王」、「鋼鐵人」所取代。我認為這是疫情肆虐全球的短期現象，所以總有一天還是會回到台灣經濟發展最仰賴的電子股當道的時代。

我當然不能說 0050 一定不會重回 143 元以上，也就是依然能維持每次都填息的傳統，但因為這一次的經驗，我們該來思考，0050 往後是否不值得再參加除息了？

以前我在演講結束時，曾有幾個聽眾問我一個問題：「既然 0050 每次都填息，那麼可不可以除息完買進，填息後就賣出，這樣一定可以賺到錢？」

我每次都反問他們：「沒有人能保證每次都填息，如果下一次真的不填息，怎麼辦？」沒想到這一次就應驗了。

以上這個方法如果遇到 7 月除息的那一次，以往幾乎都是配 0.7 元，結果也幾乎開盤就填息了，所以根本不管用。

這一次只配 0.35 元，我相信一定也是開盤就填息，那麼這一次就可以參加除息囉？

如果你手上已經有 0050，當然就參加除息，反正多賺 0.35 元。

買 0050，是追求「股價的成長」

如果你只是為了這 0.35 元的股息才買 0050，我想這就沒必要了。這一次的股息殖利率就算換算成全年，也比定存利率低，又何必因為這個區區的股息而買進呢？

我買 0050，從來不以「是否參加除息」作為考量點。因為

0050 的股息殖利率已經不到 3%，幾乎已經不敵通貨膨脹率了，因此它不是一個能讓投資人期待穩定現金流的「存股」標的。

我買 0050 還是依據我的紀律「日 K<20，買；日 K>80，賣」。除息前如果碰到日 K<20，當然就買，這樣填息機率更高。除息前如果碰到日 K>80，當然就不買，因為這樣填息時間應該會比較久。

如果日 K<20，買進之後，股價持續破底，讓我套牢而碰到除息日，我就參加除息。雖然股息殖利率輸給通貨膨脹率，但至少還是贏過銀行定存利率，也就是俗話說的「無魚，蝦也好」。

買 0056，是追求「穩定的股息」

我買 0056，則是為了參加除息。它的填息時間一向都比 0050 長。但還從來沒有發生過不填息的情形。

就算當次不填息，其實也沒關係，因為它才 30 幾元，只要每年穩定配息，假設一年配 1.5 ～ 1.8 元，二十年後持股成本就會歸零，然後活得越久，領得越多。但 0050 已經 130 幾元，以目前配息金額估算，要四十年左右持股成本才能歸零，當然就不划算。

我的結論是：**買 0050，是追求「股價的成長」；買 0056，是追求「穩定的股息」。**

我買 0050，從來不以「是否參加除息」作為考量點。因
為 0050 的股息殖利率已經不到 3%，幾乎已經不敵通貨膨
脹率了，因此它不是一個能讓投資人期待穩定現金流的
「存股」標的。

註 1：近五年 0050 元大台灣 50 填息花費日數

年份	除息交易日	現金股利	填息花費日數
2021 年	07/21	0.35	1 天
	01/22	3.05	150 天
2020 年	07/21	0.7	1 天
	01/31	2.9	5 天
2019 年	07/19	0.7	1 天
	01/22	2.3	15 天
2018 年	07/23	0.7	1 天
	01/29	2.2	143 天
2017 年	07/31	0.7	2 天
	02/08	1.7	5 天

資料來源：Goodinfo!

28

2021/07/17

投資心理學

股價漲，你開心？
還是跌的時候，你才開心？

　　絕大多數的投資人看到手上的股票一直漲一直漲，當然會開心，但是難道股價跌的時候，就一定會難過嗎？

　　某股票一直漲，對於手上有這支股票的人當然會很開心，但對於一直在觀望、還沒進場的人，反而不開心，甚至是一種煎熬。還沒有買的人看著一路上漲的股價，追，怕買在高點；不追，又怕買不到。就算它跌了，也不開心，因為怕它繼續跌，買了就套，但又怕再不買，萬一未來繼續漲，又錯過了進場的機會。

　　我相信很多人在面對航運股、鋼鐵股時，就是以上的心情。因為沒有人在買狂飆股時，會只想領股息，大家肯定都想賺價差，所以只要沒進場，看到股價漲，絕對開心不起來，就算看到跌了，也很難開心，反而還有點擔心。

　　有些人問我：「還可不可以追航運股、鋼鐵股？」我都會這樣回答：「我不會受到誘惑，因為買0050、0056，雖然賺不多，但還是有賺，而且至少很安心。有些錢不是你賺得到的，就像很多男

人都想娶林志玲，但這根本是不可能的事，不是嗎？」

難道股票跌的時候，即使你手上持有該股票，就一定會難過，甚至睡不著覺嗎？如果這支股票從來不配息，而且規模不大，有可能因經營不善而下市，它的股價一直跌一直跌，當然會很難過。但是如果這支股票幾十年來都穩定配息，規模大到不可能倒，股價又只有二、三十元，例如很多銀行股，當它股價下跌時，很多人不僅不難過，可能還很開心，因為可以買到更便宜的價位，讓股息殖利率更高，難道不好嗎？

不過，對很多愛賺價差的人來說，這些銀行股的走勢實在是太溫吞了。以兆豐金為例，它今年至今只漲了 10.7%，但大盤已經漲了 21.5%，更別說航運股、鋼鐵股了。如果你在年初用 30 元買進，股息殖利率有 5.3%，不過，因為它漲的慢，你即使現在用 33 元買進，股息殖利率還是有 4.8%，跟年初買也沒差多少。

你買它是為了「領股息」，就不要羨慕別人「賺價差」了。股息一定賺，但價差可不一定賺喔！

0056 將深受長榮影響

最近有一個有趣的例子，也是很多人買來當存股標的的 0056。

台股在 7 月 6 日突破 18,000，接著開始回檔，7 月 14 日收 17,845 點，跌幅 0.9%。0056 同一期間，則從最高 36.05 元跌到 34.48 元，跌了 4.4%，相對跌幅很大。

　　這時，有人就說是因為納入長榮、友達，被它們近期的重挫所拖累。有趣的是，以前一直漲，很多人不敢買，現在大跌了，又說它不值得投資，還是不會買。

　　後來大盤在 7 月 16 日收 17,895 點，較 7 月 14 日微漲 0.3%，但這兩天 0056 卻從 34.48 元漲到 35.12 元，漲幅是 1.9%。這當然也和長榮這幾天轉強有關。

　　因為有長榮，所以 0056 跌了，很多持有人不開心，但沒有買的人也不開心，想說可能還會跌，結果卻是很快就反彈了，大家又錯過一次撿便宜的機會。

　　也是因為有長榮，所以 0056 變活潑了，對持有人來說，很快反彈，應該是開心的。但是，居然能在短短幾天跌 4.4%，沒有把握這種機會再增加持股，會不會讓 0056 的持有人不開心呢？

　　未來 0056 的漲跌，我相信一定很容易會受到長榮股價波動的影響，已經很難再是以往那個溫吞的走勢了。我會再觀察一陣子，或許有可能修正我對 0056「買了忘記它」的做法。

　　但是如果這支股票幾十年來都穩定配息，規模大到不可能倒，股價又只有二、三十元，例如很多銀行股，當它股價下跌時，很多人不僅不難過，可能還很開心，因為可以買到更便宜的價位，讓股息殖利率更高，難道不好嗎？

29

持股新策略

0056 還能「買了忘記它」？

最近大家都發現 0056 的股價波動變大了，不再是以前溫吞牛皮的走勢，所以大家都開始擔心還能買它嗎？還是該賣掉呢？換句話說，還能像以前我一直說的「買了忘記它」嗎？

近期 0056 的高點出現在 7 月 6 日的 36.05 元，在六個交易日後的 7 月 14 日來到第一個低點 35.34 元，稍稍反彈後，三個交易日後的 7 月 21 日又來到近期最低點 33.93 元，跌幅為 5.9%，和同一期間的大盤跌幅 3.6% 相比，不可謂不大。

以往的經驗，0056 的跌幅都不如大盤，而漲幅也落後大盤，所以股價走勢非常牛皮，因為很難賺價差，所以我才說「買了忘記它」。

▌ 0056 波動變大？

如今股價波動大了，比較有機會賺價差了，結果反而讓很多保守型的投資人受到驚嚇。究其原因，當然是因為長榮、友達列入了成分股，而且持股比例還不低。很多人認為這兩支股價起伏劇烈，甚至擔心未來榮景能否持續，現在買進，是否會影響淨值，進而也

影響股價？

矛盾的是，很多人遲遲不敢買 0056，就是嫌它的股價太高，現在因為列入長榮、友達，讓它短時間就「暴」跌，但大家又不敢買了。

如果它因此跌回 30 元，你就會買嗎？屆時你還是會把它怪罪到長榮、友達身上，想說一定還會繼續跌，結果一來慶幸自己沒買，二來你可能永遠都不會買。

如果用更長的時間來看 0056 每一次的成分股替換，我認為現在的 0056 可能是「感冒」了。以前國巨被列入成分股，也引起很多人的議論，但後來發現影響並沒有專家說的那麼嚴重。

人總會感冒，你應該不會就此判斷他即將往生吧？如果長榮、友達走勢繼續像之前一樣剽悍，你就會後悔現在為什麼不相信它們？如果它們往後的股價反轉向下，就會被剔除，因為感冒終究是會好的，不是嗎？

那麼，0056 還能買嗎？

那麼，到底 0056 還能買嗎？還是該賣掉呢？以下就是我的建議：

如果你身體很強壯，你會擔心感冒嗎？換句話說，如果你的平均持股成本在 30 元以下，我認為你根本沒必要把它賣掉。

如果你一直很注意身體健康，偶爾來場小感冒，也不值得大驚

小怪。換句話說，如果你長期採用定期定額買進的方式，然後每年等著領股息，就請你繼續執行下去，不要被短暫的波折動搖了你的長期計畫。

如果你的身體並不好，感冒就有可能造成比較大的風險，當然該避免發生它。換句話說，你的平均成本在 30 元以上，甚至是 34 元以上，我建議你該在高檔賣掉，然後逢低再買回。怎麼決定何時是高檔，何時是低檔呢？

我建議大家可以比照 0050 的進出紀律：「日 K<20，買；日 K>80，賣」不過，這裡的日 K 是指 0056 本身，不是像 0050 看大盤的日 K。

以往也有一些投資達人用類似的方式建議投資人低買高賣 0056，結果後來股價一路走高，再也買不回來。我之所以以往都建議大家「買了忘記它」，是因為用「日 K<20，買；日 K>80，賣」套用在 0056 身上，價差空間都不大。既然我把 0056 當「存股」，而且它的股息殖利率都有 5% 以上，又何必費神去賺價差呢？萬一買不回來，連股息都領不到。我相信這是很多曾經這樣做的投資人心中最大的痛。

因為 0056 納入長榮、友達，勢必讓它的股價變得活潑，就拉出了價差的空間。這兩支新成分股對 0056 的影響性目前仍難具體評估，就無法再「隨時都可買」了，還是在它的日 K<20 的時候再進場，風險相對小一點。

或許很多人有些 0056 買在 30 元以下，有些買在 30 元以上，

我建議前者就抱牢，後者或許可以考慮高出低進，賺點價差，也降低長榮、友達列入成分股所可能帶來的風險。

以上當然都只是我的建議。你如果開始擔心 0056 而變得很焦慮時，就把它通通賣了，然後另外再找一支能讓你安心持有的 ETF 吧！

因為 0056 納入長榮、友達，勢必讓它的股價變得活潑，就拉出了價差的空間。這兩支新成分股對 0056 的影響性目前仍難具體評估，就無法再「隨時都可買」了，還是在它的日 K<20 的時候再進場，風險相對小一點。

30

本篇適用所有 ETF

00882 該賣嗎？

　　雖然我只買過 0050、0056 這兩支 ETF，但很多人還是會問我其他的 ETF，特別是和最近跌幅很重的大陸股市與香港股市相關的中信中國高股息（00882）（註 1），該不該賣掉？我想我就用這篇文章來分享一些 ETF 很重要的投資觀念。這個觀念適用在所有的 ETF，所以請別問我其他的該不該買，或該不該賣。

　　如果你沒買 00882，是不是就不必問「該不該賣了」？

▋ 你為什麼要買 00882 ？

　　那麼，你當初為什麼要買 00882 呢？

　　因為有人推薦、因為比 0056 便宜，還是因為你了解中國股市、看好它的未來？

　　投資最不應該因為「有人推薦」就去買它。ETF 畢竟還是投信公司發行的金融商品，業者當然希望大家踴躍認購，衝高基金規模，他們就有龐大的管理費可以收取，所以一定會卯足全力來推薦，甚至找投資專家來代言。

　　他們要大家認購，就一定要用這檔 ETF 連結的市場未來的發

展潛力,以及未來的獲利預期來吸引大家,這時你應該要努力收集資訊、自行研判業者的說法是否正確,才來決定認購與否,怎能聽業者的推薦就全盤接受呢?

不過,一般人怎麼可能有這個能力去研判?所以我才一再提醒大家,不懂的 ETF 不要買。00882 投資的是陸股與港股,如果你很了解,當然可以去投資它,現在也不會問我「該不該賣了?」因為你熟悉它們,自己當然能做判斷了。

大家為什麼即使不懂陸股和港股,還想買 00882 呢?就是期待它的「報酬率」會勝過 0050 和 0056。**買 ETF 追求報酬率其實是個錯誤的迷思,因為 ETF 的理念不是「打敗」大盤,而是「複製」大盤。**陸股與港股近期大跌,00882 當然會大跌,所以很多人問「該不該賣了?」其實就是在問「陸股與港股還會不會大跌?」因為大多數人不懂,所以就會擔心。

0050、0056 大跌的時候,我就沒碰過有人問「該不該賣了?」因為大家懂台股,所以不會問。去年 2020 年 3 月台股暴跌時,我只碰過一個人跟我說,他受不了了,隔天要認賠出清,但隔天就是殺到 8,523 點的那一天。(希望他沒有真的在隔天賣光)

你會問「該不該賣了?」其實代表你根本不該買!

還有人是因為覺得同樣標榜「高股息」,0056 都來到 36 元了,真的「太貴了」,而且也認為台股已經來到 18,000 點,真的「太高了」,所以才想買還沒有大漲的連結陸股與港股的 ETF,更何況 00882 的股價連 0056 的一半都沒有,當然就覺得「太

便宜了」。

大家應該都懂，買股票，不是買東西，不是越便宜就越該買。但是，看到 0056 一直往上漲，就不甘願買，就去買比它便宜的 ETF。如果你因為 00882 比 0056 便宜這麼多，而去買它，這是一種比「有人推薦」更不應該的理由。

有些達人說因為現在 00882 的股價比淨值高（也就是出現了「溢價」），所以該賣掉，賣掉之後，再等出現「折價」（股價比淨值低）時，把它買回來，這也是似是而非的觀念。出現折溢價，一般來說不會太久，股價就會回歸淨值，所以價差空間其實不大，又何必這麼麻煩追求蠅頭小利？投資 ETF 圖的就是簡單、無腦，結果你每天都在觀察折溢價的情形，真的會比買個股還辛苦。

00882 殖利率 4%以上

最後，我還是得對「00882 該不該賣了？」表達我的明確看法。我的看法是

不該賣掉 00882 ！！

因為它不過十幾元，就算你是用最高價 16.5 元買進，這次配息 0.68 元，換算股息殖利率也超過 4%，加上明年初第二次配息，合計至少應該有 5% 以上。你既然是看中它的「高股息」，又何必在乎它短期的股價波動。不過，如果你是借錢來買 00882，我就會建議你賣掉它，因為萬一它繼續跌，每次都不能填息，你還是有還款的壓力。

除非你很了解陸股與港股,否則我不建議你繼續買它。我還是建議你把其他的資金去買最熟悉的台股 ETF 吧!

註1:

中信中國高股息 00882

成立日期:2021 年 01 月 27 日
基金規模:新台幣 240 億元（2021/12/14）
收益分配:半年配
基金種類:指數股票型
追蹤指數:50 檔於港上市擁有高股息,且 50% 以上的銷售收入來自
　　　　　中國的中國企業。
經理費:0.45%
保管費:0.18%

資料來源:中國信託投信官網

就算你是用最高價 16.5 元買進,這次配息 0.68 元,換算股息殖利率也超過 4%,加上明年初第二次配息,合計至少應該有 5% 以上。你既然是看中它的「高股息」,又何必在乎它短期的股價波動。

31

真實人生與數學模型

0050 該賣嗎？

上一篇，我提到很多人問「00882 該賣嗎？」是因為他們想「停損」，這一篇，我想回答「0050 該賣嗎？」則是因為他們想「停利」。大盤又快回到歷史高點，而 0050 也快回到歷史最高價，大家或許很擔心現在不賣，萬一又跌下去，不就錯失了獲利的機會？

本文開始之前，我先跟大家複習一下我那個最簡單的操作紀律：「日 K<20，買；日 K>80，賣」。這裡的日 K 指的是大盤，但如果你拿 0050 的日 K 來做依據，其實也沒關係，兩者的數值大部分時間都很接近。

▌ 0050 實戰經驗分享

最近一次大盤日 K<20 的時候，是 7 月 27 日和 28 日，0050 這兩天的價格介於 133.75 元到 137.05 元之間。

有一個網友告訴我，他買在 134 元，但他的錢不多，只夠買一張。買了之後，他的朋友 A 笑他，股價這麼高了，怎麼可以買？他就學我的說法，告訴他的朋友：「大不了套牢」

　　後來，大盤和 0050 的股價真的就步步走高了。8 月 5 日，大盤日 K 來到 79，但他在盤中看到 80 以上，所以就照紀律賣了，賣在 139.3 元，賺了 5,300 元，報酬率近 4%（未扣手續費和交易稅之前）。

　　他的另一個朋友 B 又跟他說，PTT 版上有好多人質疑這個紀律，甚至還說很多投資達人用近幾年的統計資料，建議大家 0050 根本不該賣，長期持有才能賺更多。

　　他說這些他都知道，但這是他第一次買股票，而且是用這麼簡單的方法，居然就賺到超過 5,000 元，好開心！

　　首先，我完全不同意那位朋友 A 的意見。很多人一直認為股市目前在相對高點，當然該等大跌下來再進場，但就算真的大跌，例如 5 月 17 日跌到 15,159 點，這些人就真的敢在確診人數不斷攀高時進場嗎？

　　每次大跌，都是伴隨重大利空，有多少人敢違背人性進場？我之所以分享「大盤日 K<20，買進 0050」的紀律，是至少有一個清楚的指標，讓你在相對低點進場，但萬一繼續下跌，0050 一來不可能下市，二來還有股息可以領，那就「大不了套牢」吧！

　　如果沒有任何依據就進場，我認為你根本不是在「預測」，而是在「猜測」。

　　我的紀律前半段「日 K<20，買」並沒有受到太多質疑，而是後半段「日 K>80，賣」一直被人批評、甚至嘲笑，那就是上述他的朋友 B 的意見。

　　有很多人用這套方法，將過去好多年的股價做回測分析，一看到日 K<20，就買一張，一看到日 K>80，就賣一張，發現這個紀律做下來不是賺不多，就是根本是賠錢，並把這個結果放在 PTT 版上，我相信很多人都看過。

　　我只能說這些「數學模型」的計算結果看來沒有錯，但這不是「真實人生」。做這些回測分析的人，又怎麼能假定我是一次只買一張，難道我不能一次買很多張，然後賣的時候慢慢賣，而不是立刻就賣光？

　　做這種回測分析的人大概忘了我是那種「套牢就不賣，等著領股息」的人，所以我根本不會讓自己賠錢啊！

　　長期追蹤我，而且真的有身體力行的網友，沒有任何一個人跟我要過對帳單，就能證明「數學模型」和「真實人生」真的差異很大。

▎如果長期持有 0050……

　　朋友 B 的另一個意見是應該長期持有，而不該經常落袋為安。例如你從 2008 年金融海嘯之後買進，持有到現在都不賣，那真的是賺的比我用這套紀律還多很多很多很多。

　　這個「數學模型」的計算肯定正確，但「真實人生」中有幾個人能抱這麼久？每一個重大利空來臨造成重挫時，我就不相信這些長期持有的人不會「早知道就該先賣了」。這些堅持長期持有的人，我其實高度懷疑他們也沒買。

如果你的持股成本落在 100 元，甚至 120 元以下，我認為你當然可以不賣。

如果你是這位網友，我認為當然可以賣，也當然可以不賣，這得由你自己決定。我會賣，但事後來看，不一定對。你不賣，但事後來看，或許才是對的。

以這位網友為例，他「第一次」進場就買在 134 元，而且已經沒錢再買股票了。換作是你，你不會擔心買在相對高點嗎？既然真的來到大盤日 K>80 的時候，而且已經開始獲利，你難道還期待大盤會繼續漲，甚至真的來到 20,000 點嗎？

不過，或許「未來」大盤真的突破 20,000 點，那麼他「現在」賣掉，真的就錯了，這當然也是「停利」的風險。如果「未來」大盤又跌到 15,000 點，那他「現在」賣掉，就會被媒體歌頌了。

你能預測未來嗎？不能的話，情願少賺，不要變成倒賠。

你要面對的是「不可知」的「真實人生」，而不是「一切都已知」的「數學模型」。

我只能說這些「數學模型」的計算結果看來沒有錯，但這不是「真實人生」。做這些回測分析的人，又怎麼能假定我是一次只買一張，難道我不能一次買很多張，然後賣的時候慢慢賣，而不是立刻就賣光？

32

2021/08/13

生活安心投資法

買在 35 元的 0056，是賠錢嗎？

　　有個網友跟我說，他買了 100 張的 0056，成本在 35 元，以 8 月 13 日收盤價 33.27 元計算，「目前」確實是賠了超過 17 萬元。不過，我想問大家的是，如果一直持有下去，「最後」會賠錢嗎？

　　很多散戶遇到手中持股一直下跌，就會安慰自己「不賣就不賠」。你手中的 0056，也能這樣子看待嗎？

▋ 0056 可能下市嗎？

　　投資股票最怕資產歸零，也就是你買進的股票最後下市，你再也沒有機會賣掉變現，0056 會有下市的可能嗎？

　　0056 是由 30 支預期未來一年內股息殖利率最高的股票所組成，或許其中一家會突然倒閉，但 30 家絕對不可能同一天倒閉，所以它比個股更難下市。萬一真的發生 30 家同一天倒閉的情形，恐怕屆時新台幣早就不值錢了。

　　ETF 還有兩個下市的條件，一是資產規模只剩下 1 億元以下，二是淨值跌到當初發行價的 1/10。

　　0056 目前的資產規模超過 800 億元（編按：截至 2021 年 11 月

30 日已達 1,129 億元），僅次於 0050。當它降到 1 億元以下，台股可能早就泡沫了。

0056 在 2007 年上市時的發行價是 25 元，所以淨值要跌到它的 1/10，也就是 2.5 元才會下市。若這一天真的會來臨，台股指數推估大概會只有 1,500 點，可能嗎？

綜上所述，0056 幾乎不可能下市。

如果 0056 套牢

再來檢視萬一 0056 會讓你套牢一輩子，划得來嗎？

讓我從最保守的「股息」觀點來看，就算它再也回不到這位網友買進的成本 35 元，但只要依它近年配息的標準 1.4 ～ 1.8 元來計算，大約在二十～二十五年後，你的成本就會歸零。

怎麼算呢？如果它每年配 1.4 元，經過二十五年後，你就領了 35 元的股息，也就是還本了，之後還能一直領到你往生，甚至你的後代子孫還能一直領下去。

如果每年配 1.75 元，經過二十年後，你同樣領了 35 元的股息，同樣也還本了，這比前一個例子還早了五年。

以上是永無解套之日的最極端假設，你認為等二十～二十五年值得嗎？如果「雖不滿意，但還可以接受」，這樣用 35 元買的 0056，算是賠錢嗎？

不是所有的股票都划得來喔！就算你買的是「護國神山」台積電，如果你買在 600 元，然後每年領它的 12 元股息，可能就要

五十年後才能還本，或許屆時你已經不在人世了。

投資要用閒錢

如果你買 0056 的這筆錢並不影響生活，那就真的可以「不賣就不賠」。不過，你若不賣一些，可能生活上就會有問題，當然就會在賣出持股時，「確定」賠錢了。

很多專家都會說「一定要用生活上不會動用到的閒錢來投資」，我非常同意，但「閒錢」的定義是什麼？以下我要提出一個「生活緊急預備金」的觀念，與大家分享

只要你有足夠的生活緊急預備金，就不必被迫賣股票換現金，因為這時候大概都是虧錢的。多少才夠呢？如果你未婚，需準備三～六個月的生活費；如果已婚尚未有小孩，需準備六個月到一年的生活費；如果已婚且有小孩，需準備一到兩年的生活費。

我最怕的是這位網友的資金是跟銀行借的，一來他肯定沒有準備生活緊急預備金，二來他可能必須賣掉一些 0056 來償還銀行貸款，這樣就「確定」賠錢了。

我要再三提醒大家，就算是買 0050、0056，都不該借錢來買！你怎麼知道在貸款期間，不會碰到像去年疫情剛爆發時的超級大股災呢？

定期定額買 0056

如果你是用「定期定額」買 0056，建議你千萬不要賣掉，而

是要長期繼續執行下去。或許你現在買在 35 元以上的高價，但未來你總有機會買到較便宜的價格。用「定期定額」買 0056，是長期投資的觀念，絕對不該因為短期股價的波動，就動搖了你的決心。

最後，如果你現在套牢非常焦慮，請自行決定是否要賣？我認為「生活安心」比「投資賺錢」更重要。

0056 是由 30 支預期未來一年內股息殖利率最高的股票所組成，或許其中一家會突然倒閉，但 30 家絕對不可能同一天倒閉，所以它比個股更難下市。萬一真的發生 30 家同一天倒閉的情形，恐怕屆時新台幣早就不值錢了。

33

給你買股的勇氣

0050 是不是太早買了？

　　這一波大盤下殺，在 8 月 17 日大盤日 K 來到 14，照紀律是可以進場了，但當天就算你買在 0050 的最低價 134.3 元，到了 8 月 20 日，它的最低價還來到了 130.2 元，甚至下週可能還有比 130.2 元更低的價位，屆時大家一定想問我：「我是不是太早買了？」

▍日 K 小於 10 才進場？

　　有人在我的粉絲專頁「樂活分享人生」問我，**因為已經跌破季線，所以是否該等大盤日 K 小於 10 才進場？**

　　我的紀律是必須跌破季線超過一個月，才能確定進入空頭市場，這時才改成「日 K<10，買；日 K>70，賣」。現在還沒有超過一個月，所以我還是在大盤日 K 小於 20 就進場，不過事後來看，好像真的「太早了」。

　　也有人說：「不是應該等 K 從下方穿越 D 再進場嗎？」這位網友看來是很懂技術分析。我的紀律來自很多投資人很熟悉的 KD 指標，但我只看 K，不看 D。技術分析派認為 K 從下方穿越 D 時才能確認未來漲勢，但依我的觀察，這時候才進場已經「太晚

了」，未來的價差空間相對變小。

如果隔週就反彈的話，可能等不到日 K 小於 10 的機會，就會錯過進場的時機。

如果隔週繼續跌，就可能等得到日 K 小於 10 的機會，就應該能買到比 130.2 元更低的價位。

如果不只隔週跌，再隔一週又繼續跌，究竟何時才是最好的進場時機？（我相信你不會奢望真的買到「最低價」吧？）

這麼多的「如果」，該怎麼決定何時進場呢？

0050 的進場時機

各位一定要先有兩個認知：

一、大盤日 K<20 時，不一定會買到「絕對」最低價，只會買到「相對」低價，例如 8 月 17 日的最低價 134.3 元，好歹比 8 月 5 日最高價 139.45 元要低吧！（當天日 K 是 82，希望你曾經賣掉）

二、既然不一定是「絕對」最低價，當然就有可能套牢。有了套牢的心理準備之後，你才能繼續看下去。

要談進場時機，很重要的是看你有多少資金？如果你只有 14 萬元，只夠買一張，然後買在 134.3 元，就只能等它漲上來了。萬一日 K>80 時，才回到你的成本 134.3 元，那就根本賺不到錢。

同時，我也要特別提醒大家，日 K>80，可不一定能漲到 134.3 元以上喔！

定期定額不必管時機

你如果只有 14 萬元，或更少本金的小資族，我建議你別管我的紀律了，就每個月定期定額買 0050，也不要賺價差，長期執行下去，這樣完全不必管時機。

如果你沒有 70 萬元，也就是說買不起 5 張，我建議也是比照前述的定期定額方法，不過每個月的扣款金額要比前述的小資族積極一點，當然也不必再擔心何時該進場，或出場了。

如果你可以買 5 張，看到日 K<20 時，就先買一張，隔天依然日 K<20，就每天買一、兩張，花二～三天買完。如果大盤日 K 很快就大於 20，當天就買足 5 張。

如果你可以買 10 張，看到口 K<20 時，就先買一、兩張，花三～五天買完。如果大盤日 K 很快就大於 20，當天就買足十張。

假設你能買十張，從 8 月 17 日到 20 日這四天，分別用收盤價買一張、二張、三張、四張，平均成本會是 132.255 元，雖不滿意，但還可以接受。

$$(134.35 \times 1 + 134.9 \times 2 + 131.8 \times 3 + 130.75 \times 4) \div 10 = 132.255$$

有沒有注意到，第二天買的價格還比第一天高呢！這就是「紀律」，而不是「猜測」。第二天日 K 已大於 20，或許你也可以不

買，但可能擔心只買到一張，是不是太可惜了？

如果你可以買更多張，就按這個原則自己規畫了。

請切記，覺得每次買幾張不會讓自己感到焦慮，就每次買幾張。每個人財務狀況與性格不同，當然沒有標準答案。

永遠擔心「買太早」，而錯失進場時機，就永遠賺不到錢。「買太早」總比「都不買」要好。如果你連 0050 價格波動的風險都無法承擔，真的就不該碰股票。

請切記，覺得每次買幾張不會讓自己感到焦慮，就每次買幾張。每個人財務狀況與性格不同，當然沒有標準答案。

34

情願套在指數上，不要套在個股上

1990 年的大崩盤會歷史重演嗎？

　　有個網友問我，萬一 1990 年的大崩盤再來一次，當年的最高點 12,682 點一直到 2020 年，歷經三十年之後才重新看到，那麼只留兩年的生活緊急預備金，這樣夠嗎？崩盤來臨前，該做什麼準備？

　　我絕不會說歷史不會重演，因為在股市能存活下去的方法，就是隨時做好「最壞的心理準備」，但做好「最好的因應策略」。

1990 年股災始末

　　1990 年，股市從最高點 12,682 點，只花了不到一年的時間，就重挫到 2,485 點才止跌。或許現在的年輕人，甚至很多財經網紅、少年股神都不知道，或不記得這件事了，一來當時年紀還小、二來可能根本還沒出生。

　　這次大崩盤要從 1988 年中秋節前夕的證所稅事件講起。當時的財政部長郭婉容宣布要開徵證券交易所得稅，市場一片譁然。中秋連假結束後，股市呈現無量下跌，長達十九天。這段期間幾乎每一支股票開盤直接跌停，然後到收盤依然打不開，指數則從 8,789

點跌到 5,615 點。後來市場四大主力聯手拉抬，才迎來一路上漲到 12,682 點的股市大多頭。

當時股票投資真的是全民遊戲，加上鴻源投資公司用高利違法吸金，把吸收到的資金投入股市炒作，開創了「台灣錢淹腳目」的黃金年代。

1990 年初，鴻源公司財務狀況出現警訊，大家紛紛想要把資金領出，造成擠兌，為應付龐大資金需求，只好不計價在股市拋售變現，造成股市狂瀉，指數短短一年就跌掉萬點。

最近這波台股狂漲的低點在 2020 年 3 月的 8,523 點，這是因為新冠肺炎造成的股災，然後一路大漲到今年 2021 年 7 月的最高點 18,034 點，瘋狂走勢宛若 1988 ～ 1990 年，漲幅也很類似，對股市「老手」來說，當然有所警惕，但對「新手」來說，根本沒有危機意識。

沒人敢說不會再來，但什麼時候會來？很多投資專家要大家小心了很久，都被當成了喊「狼來了」的牧童。

回到文章開頭，我提到的那位網友的提問。萬一現在 17,000 點進場，然後又要再過三十年才站回當今的指數，我常常建議大家要準備兩年生活緊急預備金，當然是不夠的。其實只要幾年後才站回，這筆預備金也是不夠的。

怎麼辦？我提供以下六個建議，供大家參考：

▋ 如果股市再度大崩盤的六大建議

一、唯有投資和指數連動的 ETF，才可以讓你相對安心，例如 0050。1990 年的股王是國泰人壽，最高價來到 1,975 元，而現在它只剩下 70 元左右。幾乎所有的個股都回不到 1990 年的價格，但指數畢竟回去了，所以我一直說「情願套在指數上，不要套在個股上。」0056 萬一要面對類似 1990 年的大崩盤，遠不如 0050 安全。

二、千萬不要借錢買股票，就算是買相對安全的 0050，都不可以。因為萬一股災持續好幾年，你還是得認賠變現，才能還本金和利息。

三、只要你還有穩定的工作，就有穩定的薪資收入，就有可能一直用不到生活緊急預備金。換句話說，別因為這兩年的績效就以為自己是股神，可以靠投資股票達到財富自由，然後就把工作辭了，這絕對萬萬不可以！

四、如果你已退休，把資金都投入買至少有 5% 股息殖利率的股票，而且靠股息就能過活，大崩盤對你來說，就不會有太大的經濟壓力。換句話說，退休不再有固定收入後，買股票請以「領股息」優先，千萬不要想靠「賺價差」來過老年生活。

　　五、這幾年如果有在股市賺到錢，請拿去買房。股票崩盤，可能讓你的資產縮水 90%，房地產絕對不會！把在股市賺到的錢「花掉」，才是真正「擁有」它。我在 1990 年大崩盤之前能夠全身而退，完全沒有受傷，就是把錢拿去買房了！當年的房價以我當時的收入來看，也是天價。

　　六、情願「賣得早」，不要「賣不掉」。巴菲特說買股票有兩大準則：「第一點是不要賠錢，第二點是不要忘記第一點。」疫情在全球依然嚴峻，而所有的股市利多都已經反映了，看來也沒有新的利多會出現，所以大家還是該落袋為安，比較能累積對抗萬一崩盤時的財力。

情願「賣得早」，不要「賣不掉」。巴菲特說買股票有兩大準則：「第一點是不要賠錢，第二點是不要忘記第一點。」

35

台積電狂漲浪潮
護國神山回來了嗎？

　　台積電在本週漲了 21 元，來到 4 月以來的新高 620 元，漲幅是 3.5%，讓很多投資人開始想像「護國神山是不是回來了？」然後懊惱怎麼不在跌到 551 元的時候進場呢？它真的回來了嗎？現在還可以追嗎？

　　本週大盤漲了 307 點，漲幅是 1.8%，輸給台積電的 3.5%，真的很像年初大家追逐台積電的情況，但之後在 1 月下旬來到歷史最高價 679 元，就山崩了。大盤在當時來到最高 16,238 點，後來在 7 月漲到 18,034 點，漲了 11.1%，但台積電在 9 月 3 日也不過來到 620 元。

　　台積電業績與獲利在這段期間有衰退嗎？並沒有！為什麼股價卻漲不動？現在終於出現了超級大利多，因為它向客戶無預警宣布漲價 20%，業績獲利將有爆發性成長，股價也終於有了反應。

　　很多外資報告都調高了它的目標價，但都不到今年初曾喊到 1,000 元的價位。它會再度看到 679 元嗎？甚至再創新高嗎？

　　你若想知道我的預測，你會失望，因為我會說「我不知道」。不可能有人「知道」，所有的專家都只是「預測」而已。

買 0050 還是台積電？

今年初，有個熱門看法：「買 0050，還不如買台積電」，還有人把買房頭期款全押台積電，但事後證明，還是該買 0050，而且還是該買房。

我當時還是建議買 0050，不是因為我有能力判斷台積電股價會急速下墜，而是因為「我不知道」，所以才情願去買無須判斷的 0050。

0050 今年的最高價是 143.25 元，出現在台積電創新高的隔週。到了本週，台積電來到 620 元，距最高價還差 8.7%，但 0050 本週收 141.9 元，距最高價只差不到 1%。

我買 0050，就永遠不必去傷腦筋「護國神山回來了嗎？現在還可以追嗎？」它真的能再看到 679 元的時候，0050 就很有可能會看到 150 元，大盤甚至有機會看到 19,000 點。買 0050 或許漲幅沒有台積電大，但難道不好嗎？

現在更多人想問的，可能是「航運三雄」回得去嗎？套牢的人想問可以攤平嗎？空手的人想問可以進場嗎？

「航運三雄」的業績、獲利難道不好嗎？這麼多利多一直出來，股價卻跌了超過 40%，這有道理嗎？它的獲利比台積電好那麼多，股價卻沒有反彈那麼多，這有道理嗎？

個股的股價走勢，從來都沒有道理，因為它是「想像」出來的，不是「計算」出來的。

　　我之所以一路走來都在建議大家「選市不選股」，情願買「沒有想像空間」的 0050，而不要買「充滿想像空間」的個股，不管是護國神山、不管是航海王或鋼鐵人，都沒有任何道理可以解釋它們的股價漲跌。

　　現在看來，買 0050 優於買台積電，或許過一段時間，又變成買台積電優於 0050。這些都是事後的數學計算，永遠沒有定論。常常做這些比較，最容易發生「抓龜走鱉」。「選市不選股」雖然不會最好，但絕對不會最壞。別忘了宏達電帶給投資人的教訓！

　　不管你現在去追剛起漲的台積電，還是想抄底航運三雄，都會讓你心生焦慮，忐忑不安。這樣如何還能好好工作？或是還有足夠的時間精力，去解決你人生其他的煩惱？

　　我當時還是建議買 0050，不是因為我有能力判斷台積電股價會急速下墜，而是因為「我不知道」，所以才情願去買無須判斷的 0050。

36

當散戶並不可恥

勇敢當散戶，不要怕丟臉！

　　大家都知道，股市投資人十之八九都是賠錢的，而其中幾乎都是散戶。很多人把「散戶」和任大戶宰割收成的「韭菜」畫上等號。大家都不想當賠錢的散戶，所以積極學習股票投資的基本分析和技術分析，以為就能從「散戶」變「專家」。但是不管多認真學習，都不保證變成賺錢的專家。我認為當散戶不可恥，只要不是韭菜就好。

　　如何做一個會賺錢的散戶，而避免當一個賠錢的韭菜呢？

　　散戶有哪些特徵呢？我不是要你完全不再有這些特徵，而是就算你還有這些特徵，也一樣可以賺到錢。

▌散戶的三大特徵

特徵一、害怕套牢，所以從來不敢在低點買股票。

　　害怕套牢，是人之常情，也別相信專家都不會套牢。只要買過股票的人，誰沒有套牢過？

　　現在指數來到 17,000 點附近，絕大多數的人都認為是高點，當然就不敢在此時進場，當然也是因為害怕會套牢。但是，如果會

漲到 20,000 點,甚至更高,一直等待,不就錯過上漲的行情了嗎?

這時,請從「領股息」的角度來選股,只要是幾十年來每年都有配息、公司大到不會倒、股價在 30 元左右,每年股息殖利率大約 5%,就勇敢給它「套牢」啊!如果股價 30 元,每年股息有 1.5 元,領到二十年後,不就完全回本了嗎?以後還可以繼續領,領到往生。

不知道如何選股?就買標榜高股息的 ETF,例如最具代表性的 0056。

不知道何時該進場?就去證券公司辦理「定期定額」扣款,長期執行下去,不必再管股市的漲跌。

特徵二、消息都是最後一手,每次進場幾乎都買在最高點。

如果你沒有第一手的消息,就不要買個股。

如果你在某上市公司上班,很清楚公司接到一個大客戶的大筆訂單,外界還沒有人知道,這才是第一手消息,當然可以進場買進啊!

如果你的客戶是上市公司,他們一直跟你進貨,就證明這個客戶業績即將有爆發性成長,這也是第一手消息,也當然可以進場買進啊!

如果你是看媒體的推薦,或是親朋好友「偷偷」告訴你,這都不是第一手消息,一旦進場,正好被人當韭菜來收割。一般人不可能有第一手消息,要靠個股來賺錢,就等著做一個注定賠錢、注定

是韭菜的散戶。

既然沒有能力選股，就去買連結台股的 ETF，例如最具代表性的 0050，不就不必再選股了嗎？

特徵三、帳上賺了一點點錢，就想賣掉。

這個毛病真的很難改，要你非改不可，也是強人所難。大家最怕的就是賣掉之後，還繼續漲，眼睜睜看著損失了後續的一大段利潤。

個股充滿想像空間，所以常有這種大漲不回頭的走勢。大家很怕買不回來，更怕一旦追高買回來，股價就開始跌，又再也漲不回來。

0050、0056 隨大盤漲跌，沒有想像空間，就算賣掉繼續漲，也不會永遠不回頭，總有跌下來讓你買的機會。你想賣就賣吧！至少是落袋為安嘛！

有人說 0050 如果從 2008 年金融海嘯之後，買進抱牢到現在，年化報酬率是 7% 以上，當然很好。但是現在是 17,000 點，不是 2008 年的 4,000 點，此刻才進場的人，怎敢期望未來十三年還有這麼高的年化報酬率，然後長期持有呢？

做個適時落袋為安的散戶，又有什麼關係呢？至少絕對不會是韭菜！

特徵四、套牢了，就不肯停損，以為不賣就不會賠。

　　個股一定要停損，千萬不要以為總有解套的一天，因為很多個股最後甚至還下市了，連賣都賣不掉了，哪還有解套的機會？

　　0050 連動指數，解套的機會比絕大多數的個股都要大。舉一個最極端的例子，大家就能理解。1990 年的最高點 12,682 點，經過三十年，總算回來了，而且一度還超過了 18,000 點。當年的股王國泰人壽最高價是 1,975 元，現在才 70 元出頭，更別提其他的股票，幾乎都回不去當年的價格了。

　　唯有類似 0050、0056 這種 ETF，才是散戶可以「不賣就不會賠」的投資標的。

　　誰說散戶一定賠錢！誰說做散戶很丟臉！保有散戶的特徵，不要逆著人性去改變它，還是可以安心賺到錢，而且「一定」可以安心賺到錢。

　　當散戶不可恥，只要不是韭菜就好。

37

江山代有才人出

千萬不要崇拜投資達人！

　　以往那些在財經頻道自吹自播、張牙舞爪的投顧老師，近幾年已經明顯式微，取而代之的是眾多網紅、粉專版主這類的投資達人。大家都好羨慕他們，甚至崇拜他們，但我認為他們（也包括我自己）都只是「倖存者」，大家都只是敢在對的時機進場，然後享受了這麼多年的大多頭行情。

▌倖存者偏差？

　　為什麼我說所有的投資達人都是「倖存者」？我用以下的例子來做個說明：

　　有兩個人 A 和 B 都在 2018 年 1 月，用最低價 82.15 元買了一張 0050，然後抱牢不賣。到了 2020 年 3 月，碰到新冠肺炎，有一天跌到了 67.25 元。

　　A 嚇壞了，不知還會跌多久，因為連美國股市盤中都熔斷了三次，所以他決定賣了，賠了 14.9 元，但這段期間領了 7.3 元的股息，不過實際還是賠了 7.6 元。

　　B 不擔心，決定繼續持有，到了 9 月 17 日收盤 140.5 元，賺了

58.35 元，加上股息 10.7 元，總共賺了 69.05 元，報酬率 84%。然後，他就開了粉專，成了版主、網紅、投資達人。

我不相信 B 知道四年後會漲到 140.5 元。如果 9 月 17 日收盤只有 85 元，加上 10.7 元的股息，雖然報酬率還有 16%，但肯定不會成為版主、網紅、投資達人。

所以我說投資達人都是運氣好的「倖存者」，沒必要整天沾沾自喜，嘲笑別人。

如果有個 C 也是買在 82.15 元，但常常適時落袋為安，即使賣在 67.25 元，這段期間賺的價差加股息後，可能還是正報酬。然後他還是不斷低進高出，即使 9 月 17 日收盤只有 85 元，他就能打敗長期持有的 B，然後他就成了版主、網紅、投資達人，但他其實也只是「倖存者」。

你難道看到 B 四年來的報酬率高達 85%，就要等到 82.15 元再進場嗎？還是相信你用現在的 140 元買進，四年後也能賺到 85%？當然也有可能，屆時你也是「倖存者」，然後一樣能成為版主、網紅、投資達人。

所有的投資達人都會找到一段他報酬率最高的期間，來證明自己的投資眼光，但是各位回不去他「過去」買進的時間，你只能「現在」買進之後，祈禱自己也能成為「未來」的倖存者。

最後，你也可以把買進的時間往前推到 2017 年 1 月的最低價 71.5 元，就算你像 A 一樣，賣在 67.25 元，但加上這段期間領的股息 10.2 元，就還有賺，然後就可以拿來反駁我。

但是請記得，投資絕對不是「數學模型」，而是「真實人生」。

如果買的是日本股市？

如果我把例子搬到日本。日本股市在 1989 年來到歷史最高點 38,957 點，到了 9 月 17 日收 30,500 點，山田先生抱牢到現在，就像 B 一樣，他絕不會成為版主、網紅、投資達人。

另外有個小林先生在 2018 年最低點 18,948 點進場，也是抱牢到 9 月 17 日的 30,500 點，當然就能成為版主、網紅、投資達人。

還有一個鈴木先生，雖然也是和山田先生一樣在歷史最高點 38,957 點時進場，但三十年來低進高出，他還是有可能成為版主、網紅、投資達人。

因為沒有人能預測未來，也沒有人能回到過去。如果再來一個超級大股災，所有的投資達人（也包括我自己）都會消失。然後，股災結束了，有一批人又勇敢在低點買進，又再來一次超過十年的大多頭行情，就會有新的一批版主、網紅、投資達人會出現。

不必「崇拜」投資達人，但可以參考各家的理念，找出最適合自己個性的做法。千萬不要以為這些投資達人的方法可以套用在所有人身上，然後強迫自己改變，以為也可以有他們一樣的報酬率。

其實，每個有賺到錢的人事先都沒什麼投資理念，成功之後，被媒體逼問，或是自己設法歸納，然後找出一個合理化的說法，如此而已。

　　說到他們的報酬率，你真的能百分之百相信嗎？我常看到很多人因為不相信，就要求這些投資達人公布對帳單。就算他們真的賺到這麼多錢，你看到這些對帳單對你又有任何意義嗎？

　　世界上沒有永遠的投資達人，但你一定要找到一個永遠對你有效，且一定能賺到錢的方法。

　　不必「崇拜」投資達人，但可以參考各家的理念，找出最適合自己個性的做法。千萬不要以為這些投資達人的方法可以套用在所有人身上，然後強迫自己改變，以為也可以有他們一樣的報酬率。

38

這會是下一個股災嗎？

恆大會是中國版的雷曼兄弟嗎？

中秋連假期間，國際股市因為擔心中國恆大企業可能違約倒帳，而紛紛呈現重挫的走勢，害我們放假結束後的第一個交易日，也即刻補跌來反應。不過，再來的兩個交易日，因為全球疑慮暫時緩和，又迎來報復性反彈。恆大這個未爆彈，真的解除危機了嗎？它會像 2008 年的雷曼兄弟倒閉，造成全球金融海嘯嗎？

▋ 同個事件，各自解讀

這時，第一件事是千萬別看任何專家的分析。手上如果股票滿手，你只會相信專家說「不嚴重，中國一定會出手相救」，但如果一直在等逢低進場的機會，你也只會相信專家說「小心雷曼兄弟的事件重演」。

你一定會因為手上持股的多少，而做選擇性的相信，那又何必去看這些專家的分析呢？

我的答案當然是「我不知道」，但我相信只要恆大不宣布倒閉，「恆大倒閉」這個議題就會不斷出現，一波未平一波又起。

利空只要確定了就不可怕，最怕的是利空一直不確定，讓你不

知還要下跌多久？然後下跌到哪裡才會止跌？

　　如果知道，就會在此時停損，等最低點再接回來。既然不可能知道，心裡就會煎熬，該停損嗎？還是該等解套的一天？現在唯一能做的，就是先做好各種可能狀況的沙盤推演。以下總共有五點：

一、先問自己：如果手上的股票長期套牢，你安心嗎？

　　如果你其實從來都「不清楚」手上個股未來的營運成長機會，只是圖僥倖賺價差，當然此時會非常不安。這時，我誠心建議你先賣了吧！至少現在還有 17,000 點，應該也是你手上個股的相對歷史高價區吧？現在賣，或許還有賺，或許還賠不多，就不必再賭恆大風暴究竟有多大。

　　如果你「確實知道」手上個股未來會持續成長，現在當然不必賣。即使恆大帶來狂風暴雨，因為你手上的個股值得信賴，風暴當然會有雨過天晴的時候。

二、再問，你還有沒有別的收入，可以無須賣股票變現，仍能支應日常生活所需？

　　如果你決定靜待解套，而且你還有固定的收入，例如薪資，就相對可以安心。

　　如果你沒有固定收入，而且連至少半年的生活緊急預備金都沒有，不靠股票獲利就難以生活下去的話，那就先賣你手上近來走勢最疲弱的個股吧！其實這也是強迫你汰弱留強的「好」機會。

遇到股災來臨，你才會慶幸你還有工作。大多頭市場，你可能還妄想辭了工作，專心買賣股票，以為這樣就能輕鬆過日子了。在此奉勸大家，千萬別以為自己是不敗股神！

三、你是否是用融資買股票？

如果是的話，沒有第二條路可選，就是趕快賣掉手上持股。萬一恆大風暴鬧的又大又久，光這些利息就會拖垮你，而且你拖越久，股價可能越低，你越晚賣，就賠越多。

四、千萬別因為我上述相對悲觀的看法，就去放空。

千萬不要放空期指、買認售權證、賣買權，或是買反 1。因為萬一恆大風暴又小又很快解決，這些放空的操作反而會害你賠錢。千萬也不要因為停損賣股票就不甘願，希望靠放空來彌補虧損，小心兩面挨耳光，被多空雙殺！

五、你手上若有以下這些股票，就別管恆大的風暴了。

例如 0050、0056，或股價二、三十元、且每年股息殖利率都有約 5% 的金融股，千萬別隨意停損，大不了套牢領股息！

利空只要確定了就不可怕，最怕的是利空一直不確定，讓你不知還要下跌多久？然後下跌到哪裡才會止跌？

39

戰勝大盤，可能嗎？

當台股一週大跌 690 點時，
你買的個股有漲嗎？

　　每一次股市大跌，大多數的個股也都會大跌，但總是有極少數的個股會逆勢上漲，投資人當然都希望手上有這些個股，但你這次又選到它們了嗎？或許你偶而會選到逆勢上漲的股票，但可能多數時候你的股票跌幅比大盤還重。為何你還執迷不悟呢？以為下次就一定會選對股票呢？

　　台股本週大跌 690 點，跌幅是 4.0%，你的股票平均跌幅是多少？請你自己算一下。

　　如果你的股票平均是上漲的，恭喜你，你已經是投資達人級，就不必浪費時間繼續看下去。

　　如果你的股票平均跌幅比 4% 還大很多，為什麼還對選股不死心呢？

▌ 盤點我的持股成績

　　再來看看我的成績。我的兩支股票並沒有漲，但我一點

都不擔心。

我的主要持股之一 0050，從 139.65 元跌到 133.95 元，跌幅是 4.1%，幾乎與大盤一樣。不過，我現在的持股不多，因為我在上一次日 K>80，股價在 140 元左右，差不多都出清了，現在正等機會進場，所以這波跌幅對我反而是利多。

我的另一支主要持股 0056，從 33.3 元跌到 32.26 元，跌幅是 3.1%，比大盤跌幅要小。這是我長期持有的股票，圖的是每年大約 5% 的股息殖利率。因為我的持股成本很低，所以相對股息殖利率更高。

其他個股

護國神山台積電呢？從 598 元跌到 574 元，跌幅也和大盤一樣，是 4%。台積電早從股民的神壇上走下來了，可能已經沒人關注了。不過，原來它並沒有輸給大盤！

航海王長榮呢？從 134 元跌到 113.5 元，跌幅超過 15%。可能很多股民還沒跳船逃生，現在一定很恐慌。

面板股的友達，從 17.5 元跌到 17.25 元，只跌了 1.4%，算是比大盤還強，也勝過 0050、0056。

看到這裡，你想應該把弱勢的長榮賣掉，來改買強勢的友達，是嗎？

萬一賣掉長榮，它反而開始漲，然後一買友達，它卻開始跌，那不就是應了那句台灣諺語「抓龜走鱉」嗎？各位身邊一定有很

多人就常常是台股走勢的反指標「一賣就漲，一買就跌」，或許你自己就是。

我相信，有些投資人可能買過 0050、0056，但不可能只買這兩支，也應該有買一些個股，你可以自己來做個績效比較。如果你目前手上的個股是上漲的，或是跌幅比 0050、0056 還小，那我勸你就別買 0050、0056 了，但你能永遠打敗大盤和 0050、0056 嗎？

買 0050、0056，不會贏過大盤太多，但至少也應了另一句台灣諺語「無魚，蝦也好」。

當然也有人慶幸手上沒股票，連 0050、0056 都沒有，但我一點都不想恭喜這些人。如果你連 0050、0056 都不敢買，還是只敢存定存，或買儲蓄險、投資型保單這種超級保守的投資方法，你真的要小心以後會成為「下流老人」。

我想大部分的讀者都想問我：「週五美股開低走高、大反彈了，那麼下週台股也會開始反彈嗎？可以買 0050、0056 了嗎？又有那些個股可以買呢？」

我不知道台股會不會反彈，但我會開始陸續買進了。

隔週日 K 很有可能跌到 20 以下，我會遵守自己的紀律進場。會不會繼續跌？當然有可能，但就勇敢接受套牢，至少還有股息可已領。

以 32 元左右來買 0056，股息殖利率應該會在 5% 左右。現在買，已經比 4、5 月時的最高價 36 元，便宜了 4 元，等於打了88 折。如果你希望股息殖利率更高，就繼續等股價更低吧！股價

低，風險當然更低，但最大的風險反而可能是「等不到、買不到、領不到」。

　　不過，要不要買？還是由你自己決定喔！

　　如果你想知道「下週可以買什麼個股？」的答案，你一定會失望。因為我沒有能力回答這個問題，因為我自己並不選股，也因為我始終認為「選股真的太難了。」

如果你希望股息殖利率更高，就繼續等股價更低吧！股價低，風險當然更低，但最大的風險反而可能是「等不到、買不到、領不到」。

40

填不填息都可買

如果 0056 不能填息，怎麼辦？

　　0056 已經宣布，今年每股將配 1.8 元，大家都很興奮。不過，也有人提出警告，萬一不能填息，就是賺了股息，賠了價差。特別是它把長榮、友達、群創納入成分股，更讓人擔心它可能不會填息。它會填息嗎？如果不能填息，怎麼辦？

　　0056 自上市以來，每年都有填息。根據知名財經 YouTuber「柴鼠兄弟」的統計，最長是 2016 年的 159 天，最短是 2020 年的 28 天，平均是 81 天，比 0050 要久得多。以前每年都填息，當然不保證以後每年也能都填息。（註 1）

　　如果你去年 2020 年以前就買的話，或許成本在 30 元以下，就算用 10 月 8 日收盤價 32.59 元來除息，除息後的價格為 30.79 元，仍在你的成本之上，應該就可以高枕無憂了。

　　如果你是今年 2021 年才開始買的人，而且成本又是在 32 到 36 元之間，當然會很擔心了。

　　如果你的所得稅率很高，怕繳很多稅，我建議你除息前賣掉，然後再買回來，就無須繳稅，也沒有填不填息的問題。反正 0056 的填息日數都很長，你有的是時間把它買回來。唯一的風險是賣出

再買回的價差或許不到 1.8 元，會比領股息少，但若和要繳的稅額相比，仍然有利的話，還是值得這樣做。這個部分，請你自己試算了。如果你是小資族，稅率不高，就別費神計算了。

我的臉書粉絲專頁「樂活分享人生」中，確實有很多網友提出警語和憂慮：「小心賠了價差」或「萬一不填息」，我在此一併回答：

首先，回答只敢存定存的「保守派」。文章後半段，還會回答追求價差的「成長派」。

0056 股息是銀行定存 6 倍

我假設你很衰，買在最高價 36 元，花了 36,000 元（手續費暫不計算）。這筆錢如果去存銀行定存，目前一年期利率約 0.8%，所以可以領到 288 元的利息。如果拿去買 0056，可以領到 1,800 元的股息，是定存的 6 倍以上。換句話說，一年股息抵六年的利息。

換句話說，只要六年填息，就不輸給銀行。別忘了，未來的六年裡，0056 應該還是會繼續配息喔！萬一都不配息，我看台股早就崩盤了，屆時新台幣一定嚴重貶值。

萬一永遠回不到 36 元的價位，但每年都還能領到 1 ～ 1.8 元的股息，大概經過二十～三十年就完全回本了。如果你存在銀行，每年領 288 元，要領一百二十五年才能回本。

保守派說，36,000 元存在銀行二十年，錢不會不見，但買 0056，因為價格可能下跌，到了二十年後，說不定價值不到

36,000 元了。

這個看法似乎成立，但真是這樣嗎？

錢存在銀行當然不會「不見」，但會「變薄」，因為有通貨膨脹的存在。二十年後的 36,000 元可能只能買到 18,000 元的東西，所以 0056 每股只要還在 18 元以上，就不輸給定存。別忘了，就算 0056 以後每年只能配 1 元，二十年也拿回了 20,000 元，但定存利息只有 5,760 元。

如果二十年後，0056 股價只有 18 元，台股大概剩下 6,000 ～ 7,000 點（因為去年台股跌到 8,500 點時，0056 大概還有 22 元）。屆時股市低迷，央行一定會一直調降利率，銀行定存利率恐怕連 0.5% 都不到，一年只能領 180 元的利息了。

再來，回答追求價差的「成長派」：

覆巢之下無完卵

只要不填息，領股息就只是把自己的本金拿回來而已，就好像只是「從左口袋換到右口袋」而已。這一點，我當然同意，但差別在於 0056 不是個股，而且它才 30 幾元。

個股的風險很大，尤其是高價股，這種股價再也回不去的情形屢見不鮮，例如宏達電從 1,300 元跌到 30 元，大立光從 6,000 元跌到 2,000 元，當年領的股息根本不夠賠價差。當年大家多看好這兩支啊！結果呢？

就算是低價的銀行股，也有可能發生嚴重的利空，導致很多

年都無法填息。0056 是 30 支股票的組合，達到風險完全分散的效果，任一支出事，對 0056 整體的影響都不會太大。

　　這些人擔心 0056 再也回不去 36 元，真的就是「賺了股息，賠了價差」。我不宜拿 0056 來和個股相比，因為還是有些個股在大盤持續重挫時會逆勢上漲，所以以下我只拿 0056 來和 0050 做比較。

　　假設台股又跌到去年初的 8,500 點。0056 會跌到 22 元，此時難道 0050 不會跌嗎？它一樣會跌到 70 元以下。若用 0056 的最高價 36 元和 0050 的最高價 142 元來計算，0056 的跌幅是 39%，0050 則是 51%。

　　成長派警告 0056 不會填息，但別忘了 0050 也會以相同的幅度來下跌，並不會因此就比買 0056 的風險來得小。

　　0056 萬一這一次都不能填息，真的沒什麼好擔心的。萬一它一路下跌，絕大部分的個股也會跌，就算買 0050 也不會好到哪裡去。因此，不要整天擔心「怎麼辦」了。

　　0056 是 30 支股票的組合，達到風險完全分散的效果，任一支出事，對 0056 整體的影響都不會太大。

註1：近十年 0056 元大高股息 填息花費日數

年份	現金股利	填息花費日數
2021 年	1.8	12 天
2020 年	1.6	28 天
2019 年	1.8	49 天
2018 年	1.45	80 天
2017 年	0.95	61 天
2016 年	1.3	159 天
2015 年	1	84 天
2014 年	1	31 天
2013 年	0.85	116 天
2012 年	1.3	131 天

資料來源：Goodinfo!

41

2021/10/15

大不了套牢領股息

台股大跌時，你會賣出 0050 嗎？

　　曾有人問我：「如果大家都遵行我的『日 K<20，買』的策略，就應該不會有人在台股跌到低點時賣掉 0050 啊？」這是太理想化的假設，因為市場參與人太多，有看多也有看空的人，所以才有買賣存在。我只想問各位：「你們會在台股大跌時，賣出 0050 嗎？」

　　大盤日 K 會來到 20 以下，一定是出現了非常多的利空，像最近這一次，或許和中國恆大危機，或是美國通膨嚴重引發升息疑慮有關，而且人氣指標航運股又「跌跌不休」，更加重台股跌勢。

　　在下跌過程中，人心必定恐慌，總擔心會不會繼續下跌，所以想說趕緊賣掉，或許可以少賠一點。這個心理用在個股操作上，還算入情入理，因為個股充滿想像空間，真的可能跌到「雲深不知處」。

　　不過，0050 與大盤幾乎同步，沒有想像空間。大盤跌多了，一定會反彈；漲多了，也一定會反轉，所以我真的很困惑，為什麼有人要在相對低檔賣掉 0050 呢？（不過，如果沒有人賣，我們又豈能在相對低檔買進呢？）

　　或許有人認為日 K 會跌到 10 以下，所以趁還在 20 附近賣掉，屆時再買回來就好。這種人就是太信賴自己的「判斷」了！結果聰明反被聰明誤。以這一波下跌為例，這些人有可能因為判斷會跌到 130 元，所以賣在 132 元以下，結果 10 月 15 日已反彈回 136 元以上了，不就大錯特錯了嗎？

　　我認為除非你在日 K 還在 50 附近賣掉，然後在日 K 跌到 20 以下買回來，還比較有價差空間。不過，日 K 在 50 附近，恐怕沒有人捨得賣。

　　或許還有人並不了解 0050，以為像個股一樣，會跌到下市變壁紙，所以趁還能賣掉，趕緊停損，然後換「股」操作。這真的應了我常講的那句話：「無知不可怕，一知半解才可怕。」

　　如果你真的有這種誤會，那就還不如買金融股吧！以兆豐金為例，今年最高價為 33.2 元，除息後為 31.6 元，而 10 月 15 日收 32.5 元，所以還漲了 2.8%。反觀台股從最高點 18,034 點，跌到 10 月 15 日的 16,387 點，可是跌了 9% 喔！

　　請千萬別誤會，我在此不是說兆豐金優於 0050，只是說你真的不了解 0050，就不要買 0050 了！免得別人都賺錢，你卻每次都賣在低點而賠錢。

　　還有人可能更聰明，知道 0050 的價格不會偏離淨值太多，所以有溢價就趕快賣，等折價再買回來。0050 的成交量太大，交易太有效率，所以即使出現折溢價情形，時間可能不長，價差也可能小到還不足以支付手續費和交易稅。這種方法用在成交量低的

ETF 上，或許還有用，但 0050 卻很難出現這種機會。這又是另一種「自作聰明」。

最好笑的是，居然有人懷疑我，是不是要趁大家在日 K<20「買進」時，自己反而賣出牟利？因為這是很多投顧老師的伎倆，所以就以為也要跟著我一起賣。這時都是 0050 的低價區，我為何要賣？難道我在日 K>80 時，建議大家「賣出」時，我反而要用高價買進嗎？你若這樣想，誤會真的太大了！

除了以上這幾種理由，我還真想不出來為什麼有人要在低檔區賣出 0050 呢？

雖然我都是在日 K<20 才進場，但也不能保證一定買到最低價，甚至也可能買了以後，股價繼續跌。碰到這種時候，很多人也問過我：「你會不會因為 0050 股價下跌而停損？」我都回答他們：「我不會停損，就大不了套牢領股息了！」

停損 0050 的四種狀況

我不會停損，所以你該問的是自己：「我有必要停損嗎？」只有以下幾種狀況，或許你該執行停損：

一、你已經焦慮到睡不著覺，那就停損吧！如果連 0050 下跌都這麼焦慮，我想你的個性可能根本不適合買股票，都拿去存定存吧！但你就要做好未來可能成為「下流老人」的心理準備。

二、你不賣掉，可能生活就成了問題。我希望大家一定要留下至少三個月的生活緊急預備金，其他的錢才能拿來買 0050。

三、拿借來的錢買 0050。我絕不建議貸款買股票，就算買相對安全的 0050 也不可以。萬一再來一次去年 2020 年新冠疫情剛爆發時的股災，你還是要還本金啊！這時你就弄巧成拙了，就聰明反被聰明誤了。

四、你認為台灣經濟會自此一路崩盤，股市不只會跌到萬點以下，甚至再次見到 2008 年的 4,000 點。如果此事成真，你真的是太有遠見了。會不會發生？我不知道。我只是不想「庸人自擾」而已。

或許還有人並不了解 0050，以為像個股一樣，會跌到下市變壁紙，所以趁還能賣掉，趕緊停損，然後換「股」操作。這真的應了我常講的那句話：「無知不可怕，一知半解才可怕。」

42

五個徵兆及五個應對措施

台股進入空頭市場了嗎？

　　台股在 9 月 15 日跌破季線，迄今已超過一個月，就技術分析派的理論，代表正式進入空頭市場。這兩天曾試圖挑戰季線，約在 17,050 點附近，但都失敗。台股真的進入空頭市場了嗎？

　　我先說答案：「目前看來，是的。」知道答案之後，該有什麼因應對策呢？

　　為什麼我說台股已經進入空頭市場了呢？除了技術分析派的理論之外，還有以下五個徵兆：

▌ 台股進入空頭的五個徵兆

一、 反彈的高點越來越低

　　在 9 月 15 日見到歷史高點 18,034 點之後，每一次反彈的高點，都是越來越低，如 8 月 5 日的 17,643 點、9 月 6 日的 17,633 點、9 月 27 日的 17,335 點，以及 10 月 21 日的 17,026 點。換句話說，反彈是一次比一次弱。若想掙脫空頭市場，這次的反彈必須至少要超過 17,335 點。不過，基於以下二、三、四點，我認為難度很高。

二、成交量萎縮至 3,000 億元

成交量已從每天動輒 6,000 億元以上，萎縮到最近都不易看到 3,000 億元以上，代表人氣潰散非常嚴重。股票市場的鐵律就是「量先價行」、「沒量就沒價」。

三、人氣指標股未創高峰

人氣潰散當然是因為盤面沒有人氣指標。例如「護國神山」台積電始終都在 600 元左右掙扎，它的歷史高價 679 元看來已經高不可攀。再說之前最夯的「航海王」，也就是貨櫃三雄，即使利多仍在，但股價照樣「跌跌不休」，現在股價已經不到當時高價的 40% 了。以前意氣風發的「水手」，現在都跳海成了「水鬼」。大盤沒有人氣指標，就不可能大漲。

四、利多出盡

近來找不到重大利多來支撐股價大漲。各位千萬不要認為新冠疫情完全結束時，將會帶動一波漲勢，我反倒認為這是「利多出盡」，因為所有的利多早就提前全數反應了。

五、沒有大利空卻高點反轉

現在比較讓人擔心的是，這幾次的高點反轉，其實都沒有非常大的利空，就會讓大家心存希望，反而會像「溫水煮青蛙」，很難

發現危機的存在。

▌ 如果真的空頭……

如果真的進入空頭市場了，該怎麼因應呢？

一、若你手上有個股且嚴重套牢時，只要股價反彈到季線附近，請一定要停損。若你手上的個股仍處於獲利階段，最好是見好就收，建議至少要出清部分持股、獲利了結。

二、若你手上有 0050，最近日 K 已經超過 80，也建議按紀律落袋為安，待來到相對低點再進場。不過，因為已經進入空頭市場，所以操作紀律要改成「日 K<10，買；日 K>70，賣」。

三、若你手上的 0050 是今年才買的，平均成本可能在 130 元以上，要不要「長期持有」？請自行決定。換作是我，我是沒有信心這麼做的。

四、若你手上有 0056，就不必擔心了，反而該開心，因為有機會跌到 30 元以下了。你若擔心 0056 現在的成分股包括長榮、友達、群創，你當然也可以選擇不買。如果你今年有參加除息，可能會擔心能否填息？我以前曾說過，股價不過才三十幾元，然後每年都可以領股息，二十年左右就能還本，又何必擔心一年內能否填息

呢？ 0056 萬一有一年不能配息，或是 0056 股價跌到 20 元以下，這就代表所有上市公司的獲利都是大幅衰退，屆時台股應該也找不到可以投資的標的了吧？

　　五、不要再買個股了！空頭市場還能漲的個股，十之八九都有主力作手的身影，你千萬別以為可以「他們吃肉，我喝湯」，到頭來你一定是任人宰割的韭菜。

　　不要再買個股了！空頭市場還能漲的個股，十之八九都有主力作手的身影。

小辭典│**空頭市場**

要區分「多頭市場」和「空頭市場」最主要的判斷指標就是「季線」，就是 60 個交易日的平均線（MA60）。跌破季線就反彈的話，可視為多頭市場，但若跌破後，短期內無法站回季線，就該視為空頭市場。「短期」一般指一、兩個星期，但也並非絕對，若超過一個月，無法回到季線，那就幾乎可以確認進入空頭市場了。

例如 2021 年 9 月 15 日，指數收 17,354 點，跌破季線（MA60）的 17,411 點。接下來一直到 10 月 26 日，指數收 17,034 點，仍在季線 17,052 點之下，期間長達 42 天，這段期間就確認是「空頭市場」（圖中左邊的黑框）。11 月 1 日，指數收 17,068 點，開始穩定站上季線 17,022 點，一直到 12 月 1 日，長達 30 天都未再跌破，就確認回到「多頭市場」（圖中右邊的紅框）。

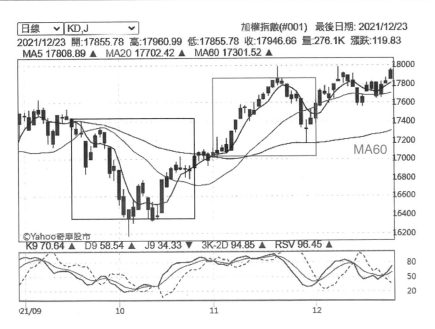

43

買 0056，圖的就是「簡單」、「無腦」

0056 該在除息前買，還是除息後買？

　　每年 0056 宣布配股金額和除息日期後，大家最愛問「該除息前買，還是除息後買？」現在除息已過了一個星期，或許很多人會懊惱「早知道，我就……」今年已過，明年除息前，你還是會問同樣的問題嗎？

　　今年很多人一定是因為 0056 的成分股加了長榮、友達、群創後，所以認為不該再買了，而且認為不會填息的可能性很高，所以就更不肯在除息前買了。

　　我在之前就很明確地說過：「你若擔心，就不要買，然後自己好好研究，哪一檔類似 0056 這種標榜『台股高股息』的 ETF 比較讓你放心，你就去改買那一檔。」

　　既然你認為這些新的成分股讓你不安心，根本就不要再買了，所以該不該在 0056 除息前買，就不應該再是你的問題了。

　　你不應該一方面擔心這些新成分股，一方面又想等低價再買。你若這樣想，其實根本不會買，因為 0056 真的一路下跌，你會相信自己當初「不該再買 0056」的判斷是對的，所以認為一定還有更低點，而永遠都不會買了。

　　如果你沒有所得稅率太高的問題，為什麼不在除息前買呢？因為這樣就可以確定拿到一年的股息了，不是嗎？萬一真的不能填息，也不用太擔心，它又不會下市，就算股息殖利率再差，都勝過定存，以及通貨膨脹率啊！

　　想要用除息後比較低的股價來買，看似精明，但我認為是「聰明反被聰明誤」了。基於人性，大家都會認為還有更低價，所以大概都不會在除息日當天買，而是還要多等幾天，甚至很多人都心想要等 30 元以下才買。

　　以「結果論」來看，這次 0056 的填息的速度出奇地快。截至 10 月 29 日為止，已填息 0.85 元，換算填息比率是 47%，這當然跟本週長榮和面板股的強勢有關。以「如果論」來看，當然可以說「如果不是這樣，它的填息速度不可能這麼快。」但是，如果你除息前買，不管是「結果」，還是「如果」，都不必這麼糾結了，不是嗎？就算你所得稅率很高，就一定要在除息前賣掉，來避免股利所得併入綜合所得稅來繳稅嗎？我有一個朋友的故事，或許可以給大家不同面向的思考。

　　這位朋友的所得稅率高達 40%，所以我曾問他：「你除息前賣了沒？」

　　他說：「沒有。我就採取分離課稅 28%，已經比美國 30% 低了。此外，繳給台灣也比繳給美國好。我的成本差不多 31 元，現在已經填息了。」

避稅，小心聰明反被聰明誤

但另一個朋友就太聰明了。他的所得率不過 20%，為了避稅，真的在除息前賣掉，但至今還沒買回來，現在居然比課稅後的收入還少！！

假設他賣在除息前一天的收盤價 32.4 元，然後用 10 月 29 日收盤價 31.45 元買回來，只賺了 0.95 元。如果他參加除息 1.8 元，扣 20% 所得稅後，實得 1.44 元，比避稅的結果還高。若將交易成本算進去，先賣再買，其實賺不到 0.95 元。領股息，因為還有部分可以抵減所得稅的優惠，所以不避稅，反而可以賺到比 1.44 元還多。

之所以買 0056，圖的就是「簡單」、「無腦」，但大家都太精明了，一怕成分股影響股價，二想跌多了再買，結果反而弄巧成拙。

我的結論是：

一、別人是煩惱賺不到錢，甚至大多數人都是賠錢的，你都有賺錢了，又何必計較呢？就繳稅吧！就扣二代健保費吧！

二、情願把稅繳給自己的國家，也比繳給美國或任何外國好吧？

三、投資別太斤斤計較，傻一點吧！

之所以買 0056，圖的就是「簡單」、「無腦」，但大家都太精明了，一怕成分股影響股價，二想跌多了再買，結果反而弄巧成拙。

小辭典｜除息、貼息、填息

假設某股票當年配 2 元現金股息，除息日為 7 月 31 日。只要在除息前一日，即 7 月 30 日仍持有該股票，即可領取每股 2 元的現金股息。假設 7 月 30 日收盤價為 50 元，隔日開盤價則為 48 元（50 － 2 ＝ 48），稱為「除息」參考價。假設投資人某甲就是在除息前一日用 50 元買進一張。如果爾後股價最高只來到 49.5 元，未能超過 50 元，就稱為「貼息」，因為雖然賺了 2 元股息，但價差卻是賠了 0.5 元（49.5 － 50 ＝ － 0.5），兩相抵銷，只賺了 1.5 元（2 － 0.5 ＝ 1.5）。爾後股價只要回到 50 元之上，就稱為「填息」，因為所領的 2 元股息完全不會被價差抵銷。如果股價來到 51 元，就賺了 3 元，其中包括 2 元股息和 1 元價差（51 － 50 ＝ 1）。

44

0050 三種狀況解析

28.53 元 VS. 138.1 元

0050 的歷史最低價是 2008 年金融風暴後出現過的 28.53 元，「如果」你當時有買，並持有到現在，真是賺翻了。11 月 5 日收盤價是 138.1 元，假設你是第一次買，而且就是買在這個價位，你接下來該怎麼做？

我先來幫大家算，「如果」你買在 28.53 元，而 11 月 5 日收 138.1 元，股價已經賺了 109.57 元，加上從 2008 ～ 2021 年的總配息 28.05 元，總共獲利 137.62 元，報酬率 482%，真的可能就此提早財富自由了。

但是，我們回不去了。現在該怎麼做？以下假設三種狀況提出我的建議：

0050 的三種情況

狀況一：本週五第一次買

假設你 11 月 5 日才第一次買，接下來該怎麼做？我相信幾乎沒有人敢相信經過十三年之後，可以同樣取得 482% 的報酬率

吧？這時，你會開始面對兩種完全不同的投資策略：「長期持有」VS.「波段操作」。

　　支持前者的人，會用 28.53 元抱到現在的報酬率來說服你，報酬率如上。以上的算法或許太不切實際，所以可能改用去年 2021 年股災時，大盤跌到 8,523 點的 0050 最低價 67.25 元來計算，報酬率則為 111%，也是很可觀的。

　　我則是支持後者的。

　　我先承認，用我的紀律「日 K<20，買；日 K>80，賣」所取得的報酬率真的輸給長期持有的報酬率，所以我並不打算「強詞奪理」來證明我比較厲害。我之所以選擇這麼做，純粹是符合大多數人的人性。

　　試問你若買在 138.1 元，你會認為這是低價嗎？你不擔心未來會出現很多利空，導致股價一路走低嗎？請支持「長期持有」的網友，千萬不要怪這位投資人「你為什麼不早點買呢？」會說這句話的人，恐怕也不相信這是低價吧？

　　我的理念是，不管買在多少元，若有機會賺價差，就落袋為安，無須再為任何未來的情形擔憂。或許賺不多，但至少安心些。

　　但我還是勸大家等到日 K<20，再買吧！至少是個相對低價區。11 月 5 日的日 K 並沒有小於 20，以我的紀律來說，是不該進場的。等日 K<20 的機會，比等 28.53 元或 67.25 元，當然大得多。

　　如果你相信該「長期持有」，就隨時買吧！但請你在股市大跌時，就不應該焦慮喔！

狀況二：至今都還沒有買過

假設你至今都還沒有買過，那麼什麼時候可以買？買了之後，該怎麼辦？

千萬不要等跌破某個指數點位，或 0050 跌破某個價位，例如跌破萬點，或是跌破 100 元再買。這樣想，其實都只是你的「胡亂預測」。這些在未來當然都有可能發生，但萬一要等個三年五載，不就錯過了這麼長時間的賺錢機會了嗎？就算真的等到，或許你又不敢買了，因為屆時一定出現很多重大的利空，才有可能發生，別在此時說「一定會買」的大話了。

我建議還是等日 K<20 才進場。目前指數還未站上季線超過一個月，仍該視為「空頭市場」，所以你若真擔心屆時還會跌，就耐心等到日 K<10 再進場吧！

如果我和你一樣，屆時也是第一次進場，我承認我沒那個膽識敢「長期持有」，所以我會在有獲利的機會時先落袋為安。因為我認為目前還是「空頭市場」，所以看到日 K>70 的時候，就會考慮出場。當然，你也可以等日 K>80 再出場。

其實，適時落袋為安，也可以讓你更安心未來可以「長期持有」。怎麼說呢？

假設你買在 130 元，然後適時落袋為安，賣在 137 元，等於賺了 7 元，這時你可以看成是持股成本的減項，讓持股成本降為 123 元（130 - 7 = 123）。

假設第二次進場，又用以上紀律，賺了 5 元價差，持股成本

就降為 118 元（123 - 5 ＝ 118）。以此類推，當成本降到 100 元以下，你應該就有勇氣「長期持有」了，不是嗎？這比你要等到 100 元以下才進場，更具可行性。

不過，我當然要提醒你，或許你真的進場後，大盤卻一路下跌，你就要做好「套牢領股息」的心理準備。0050 至少每年都有配息，又絕對不可能下市，總比套牢在個股上安心多了。

狀況三：目前手上有 0050

假設你目前手上還有 0050。

請自己用以上方法試算，如果持股成本已降到 100 元以下了，我認為你就居於不敗之地，以後要「波段操作」也可以，要「長期持有」也沒問題。

其實「長期持有」VS.「波段操作」的抉擇，要看你的持股成本而定。成本越高，我建議還是「波段操作」比較安心；成本越低，你就越有選擇的資格。

我的理念是，不管買在多少元，若有機會賺價差，就落袋為安，無須再為任何未來的情形擔憂。或許賺不多，但至少安心些。

45

填息速度破紀錄！
0056 填息啟示錄

　　0056 這一次填息破了歷史最快的紀錄，它居然只花了十二個交易日就填息了，不只跌破很多專家的眼鏡，也出乎絕大多數投資人的意料之外。這件事給了我三個啟示；

第一個啟示是，太多「雜訊」只會製造干擾而已。

　　不論是我寫的書，還是我在演講，或上通告講的話，我對 0056 的建議永遠都是「隨時都可買，買了忘記它」，但可能講得太直白，反而讓大家很難相信。特別是最近 0056 的成分股納入了長榮、友達、群創後，更沒有人願意相信「隨時都可買」了。

　　也是因為這些新成分股，讓很多專家認為 0056 這一次極有可能不會填息，然後建議大家除息後再買，甚至希望大家跌破 30 元再進場。結果這類建議害很多人不只錯過了今年每股 1.8 元的股息，還錯過了除息後進場的時機。

　　有些人很不甘願自己的判斷錯誤，就說 0056「成也長榮，敗也長榮」。這次快速填息，又印證了那句老話：「股市沒有『如果』，只有『結果』。」

我不想事後吹噓我比這些專家厲害，我只是不想受到這些雜訊的干擾，甚至我還比較相信「傻人有傻福」呢！

第二個啟示是，大家都想買到「低價」，但反而少賺了。

除息前一天收盤價是 32.4 元，領到每股 1.8 元的股息，換算股息殖利率是 5.6%，為什麼還不滿足呢？假設除息後真能買到 30 元以下，而明年也能配 1.8 元股息，股息殖利率則為 6%。請你捫心自問，5.6% 和 6% 差很多嗎？

如果你在除息前用 32.4 元買一張，今年已經賺到 1.8 元，然後繼續持有到明年繼續參加除息，又領到 1.8 元，合計 3.6 元，不就賺到 11.1% 了？比你除息後用 30 元買進的 6% 更多，不是嗎？

$3.6 \div 32.4 = 11.1\%$

你除息後用 30 元買進，當然比 32.4 元低，所以你以為自己比較聰明，但別忘了你少領了一年股息喔！

兩年賺 11.1%，平均一年是 5.6%，確實輸給一年 6%，但投資獲利不是比「每一年」的個別報酬率，而是比「持續」的總報酬率。若兩人都一直持有下去，前者永遠比後者多賺一年，不是嗎？

第三個啟示是，不要用「賺價差」的心態來「領股息」。

執著要買在「低價」的人，其實想的是「賺價差」。坊間確實有很多達人建議 0056 該賺價差。不過這幾年來，很多賺到價差的人，都眼睜睜看著 0056 股價節節高升，最後都不甘願用更高價買

回來，結果一再錯失領股息的機會。

　　甚至很多專家都拿歷史資料來證明，0056 的漲幅遠遠輸給 0050。我同意以上的論點，但這些連 0056 的股價都嫌貴的投資人，怎麼可能會去買更貴的 0050 ？結果就是永遠在等待，最後什麼都賺不到。

　　如果你心中只想領股息，看到股價一路走低，不是應該更開心嗎？因為這樣就能買到更低價，讓股息殖利率更高。如果你想賺價差，看到股價一路走低，當然就開心不起來了，因為會越賠越多。

　　如果你只想領股息，就應該根本不會去在意任何專家的建議。因為股價漲，當然好，股價跌，不是也很好嗎？會在意專家的建議，其實心中想的是價差。

　　很多人搞不清楚自己要的是什麼？當然就會猶豫不決，不斷錯過。現在買 0056，可以領到超過 5% 的股息，不好嗎？

　　離明年 0056 除息，還有十一個月，你若想領股息，究竟要什麼時候買呢？究竟願意用多少錢買呢？但請千萬不要一直等、一直等，因為——**等不到，就買不到；買不到，就領不到；領不到，就賺不到**——。

　　如果你心中只想領股息，看到股價一路走低，不是應該更開心嗎？因為這樣就能買到更低價，讓股息殖利率更高。

46

2021/11/19

大盤下跌也能獲利

現在可以買反 1（00632R）了嗎？

很多人曾問我，既然日 K>80 該賣 0050，那麼何不立刻買進「元大台灣 50 反 1」（代號 00632R，以下簡稱「反 1」）呢？這樣還可以賺到大盤下跌的獲利，不是嗎？以前我都不建議這麼做，因為萬一沒跌，還繼續漲，不就反而會賠錢嗎？不過，我現在願意大膽說「可以」了。

為什麼我這次願意說「可以」，因為：

一、11 月 19 日指數最高來到 17,986 點，距離前波高點 18,034 點，只差了 48 點，當然不容易在短期內一鼓作氣衝過去。

二、11 月 18 日的日 K 已經來到非常高的 96，而隔天開平走高殺低，證明上檔賣壓果然沉重，導致當天日 K 下挫到 87。

三、反 1 股價最低來到歷史新低 5.23 元，最後收 5.27 元，距離下市標準 2 元不遠。換句話說，風險就只剩 3.27 元了，不會賠更多了。

四、11 月 19 日反 1 股價 5.27 元，與淨值為 5.26 元比較，只有 0.01 元的溢價，並不嚴重。如果溢價幅度很高，當然風險就相對很高。之前下市的「元大石油正 2」（00672L）和「富邦 VIX」（00677U），溢價幅度就始終居高不下。

雖然我說可以，但我也必須提醒你六個注意事項。你若不繼續看下去，就可能會有「斷章取義」的風險，所以不可不慎。我要先在此聲明，0050、0056 可以「大不了套牢」，但反 1 絕對不可以這樣想。雖然我說現在「可以」買反 1，但絕不是說「一定」會賺錢喔！

如果你是一個會因為買反 1 而焦慮的人，就別受誘惑，也不需要繼續看下去了。

是哪六個注意事項呢？

買反 1 的六大注意事項

一、今年截至目前，在股市有獲利的人，才有資格買反 1。如果你今年在股市是賠錢的話，建議你還是不要冒險，因為千萬不可以期待靠買反 1 來「轉虧為盈」，這樣做反而更危險。

二、一定要做好停損的準備。一旦虧損吃掉你今年獲利的5%，請一定要停損。

　　三、請一次買足你願意承擔 5% 風險的數量，不要分批買進，這樣你才不會有向下攤平的意圖。一路往下攤平，就很難下定停損的決心。

　　四、能當天平倉最好，不過把手續費和證交稅這兩項成本算進去，股價大約要漲超過 0.02 元，才開始有獲利。因為最近反 1 每天價差只有 0.05 元左右，甚至更少，如果扣掉成本後，你只賺 0.01 元，要買到 100 張，才能賺 1,000 元，CP 值真的很低。

　　五、因為反 1 最近盤中價差太小，所以如果你想「賭」一個小波段，亦無不可。不過，前提還是你已經做好吃掉你今年獲利 5% 的心理準備。

　　六、0050 是在大盤日 K<20，相對低檔的時候「買」，但反 1 卻是在大盤日 K<20，相對低檔的時候「賣」。不過，千萬不要等到大盤日 K<20 才賣，因為或許等不到，所以只要某一天盤中指數大跌 200 點左右時，就該獲利了結了。

我要先在此聲明，0050、0056 可以「大不了套牢」，但反 1 絕對不可以這樣想。雖然我說現在「可以」買反 1，但絕不是說「一定」會賺錢喔！

元大台灣 50 反 1 00632R

成立日期：2014 年 10 月 23 日

基金規模：新台幣 555.1 億元（2021/10/31）

收益分配：無

基金種類：指數股票型（反向型 ETF）

追蹤指數：台灣 50 指數單日反向 1 倍報酬

經理費：1%

保管費：0.04%

資料來源：元大投信網站

47

反 1 操作再補充

你的反 1（00632R）賣了嗎？

　　在 11 月 19 日所寫的前一篇文章中，我大膽說可以買「元大台灣 50 反 1」（代號 00632R，以下簡稱「反 1」）了，有人買了嗎？如果有買，有照該文章的建議在 11 月 26 日賣了嗎？如果都沒進出，不用婉惜，因為我將藉本文，詳述我對反 1 的操作想法。

　　我在前一篇文章中，有寫到買反 1 必須注意的六個事項，其中最後一項是：

　　六、0050 是在大盤日 K<20，相對低檔的時候「買」，但反 1 卻是在大盤日 K<20，相對低檔的時候「賣」。不過，千萬不要等到大盤日 K<20 才賣，因為或許等不到，所以只要某一天盤中指數大跌 200 點左右時，就該獲利了結了。

　　請注意最後一句話：「只要某一天盤中指數大跌 200 點左右時，就該獲利了結了。」所以我才在本文一開頭問：「有買的人，在 11 月 26 日賣了嗎？」

大盤 11 月 22 日開始下跌，總共跌了 449 點，而 11 月 26 日大盤更是一天就重挫了 284 點，符合我所說的「某一天盤中指數大跌 200 點左右時」。事後來看，11 月 22 日確實是一個買進反 1 的大好時機。我可沒有現在才跟大家說「好在我有買」，而是早在 11 月 19 日就說了喔！

假設你用 11 月 22 日收盤價 5.27 元買進，然後 11 月 26 日再用收盤價 5.42 元賣出，可以賺 0.15 元，換算報酬率是 2.84%，優於同一期間，大盤由 17,803 點跌到 17,369 點的跌幅 2.47%，因此反 1 是打敗大盤的。

當天就要獲利了結

即使未來反 1 繼續漲，我也建議你該「果斷」獲利了結了。

我絕不是在此吹噓自己有多厲害，而只是基於大盤要過前高 18,034 點不容易，且反 1 股價已經只剩 5.27 元，再跌也有限，才敢首度大膽建議可以買進。

不過，和操作 0050 的方法相比，這種建議絕不會成為我的一種「紀律」，只能偶一為之。未來我也會更謹慎，不會自以為神準，而經常做類似的建議。

誠如我在前一篇文章的六個注意事項中的第一點所說：

一、今年截至目前，在股市有獲利的人，才有資格買反 1。

因為今年有獲利，你就具備反 1 可以「小賠」的資格，也就是

你具備比較高的風險承受度。如果你以後自己想賺反 1 這種投機財，請也務必要具備這個「已經在當年有獲利」的先決條件。

其實我對反 1（也包括正 2，即 00631L）的操作建議，都是應該要當天平倉，但我在前一篇文章並沒有做同樣的建議，連我自己都承認很「大膽」，實在是因為反 1 每天盤中價差都不大，若把手續費和證交稅算進去，或許還賺不到什麼錢，所以才冒險做一次小波段。

為什麼它該當天平倉？甚至只能做小波段，而不能長期持有呢？一來萬一套牢，是沒有股息可領的，二來操作成本很高，會不斷侵蝕淨值，當然就會不斷影響股價。

我以前兩次大盤指數最低點為例，做以下說明：

8 月 20 日指數是 16,248 點，當天反 1 股價來到該期間的最高點 5.9 元。

10 月 5 日指數跌到更低的 16,162 點，反 1 照道理應該上漲才對，結果最高只來到 5.86 元。

如果時間拉更長來看，那麼影響就非常巨大了。例如：

2018 年 10 月，指數最低來到 9,400 點，反 1 最高來到 13.89 元。

過了兩年，到了 2020 年 3 月股災最低時的 8,523 點，反 1 才回到 13.94 元。

指數多跌了 900 點，反 1 才解套喔！

　　我的結論是，這次能靠反 1 賺到 2.84% 的報酬率是運氣好，當然也是因為風險有限才敢冒險，但請記得那句俚語「人不可能天天過年。」所以能不碰反 1 就不要碰，要碰就一定要做好停損的準備。

　　那麼，可以買正 2 嗎？它的股價都快和 0050 一樣了，風險當然比反 1 還大，所以要更小心了。我的建議還是那句老話：「最好當天能平倉」。

　　為什麼反 1 該當天平倉？甚至只能做小波段，而不能長期持有呢？一來萬一套牢，是沒有股息可領的，二來操作成本很高，會不斷侵蝕淨值，當然就會不斷影響股價。

48

謹守進出場紀律

日 K<20 的五大疑惑

　　大家應該都知道，我買 0050 的紀律就是在日 K<20 的時候進場。不過，很多人在實際運用上，仍有些疑惑。以下彙整大家的提問，彙總成五大要點一併回覆：

▋ 關於日 K<20 的五大疑問

一、日 K 一定要小於 20，才能進場嗎？

　　曾有人問我，如果日 K 是 20.01，並沒有小於 20，可以進場嗎？我認為這樣可能就太僵化了，因為 20 只是一個概略的數字，而不是一個絕對不能違背的精準原則。如果你看到日 K 來到 20.XX、21.XX，甚至 22，都可以視為小於 20。不過，請不要再繼續問我 23、24 呢？

　　有人說他看到日 K<30，就進場了。我也認為沒問題，但我不會在文章中這麼寫。因為每個人的資金部位和風險承受度不一樣，所以我情願寫保守一點。如果你資金很多，也不怕套牢，日 K 小於 30，甚至小於 40 就進場，也無妨；因為這樣進場的機會，當然比小於 20 才進場要大得多。

201

　　我希望你能拿定主意，堅持小於某個你認為安心的數字，你才
進場，千萬不要心猿意馬，否則就會焦慮了。

二、日 K<20 的價格比上次日 K>80 的價格還高時，該進場嗎？

　　這種情形在大盤一路走高的時候，常常會發生。因為 KD 指
標只是代表一個「相對的區間」，否則看「絕對的價格」就可以
了，不是嗎？

　　我為什麼不建議「價格區間」？是因為大家或許根本等不到我
建議的低價，所以我才建議用「相對區間」，這樣出現的機會當
然大很多。

　　發生這種情形，就代表上次日 K>80 的時候根本不該賣。不
過，這是「事後」才會知道，而任何的紀律都是「當下」該遵
行的。請切記，世上不可能有 100% 正確的紀律。如果有，誰還
會賠錢呢？

　　類似的情形還有，股價明明在下跌，但日 K 卻反而更高，或
是股價上漲了，日 K 卻更低。不過，這種情形頂多一、兩天，而
且至少都還是在「相對」的低檔區。

　　碰到這些情形，我還是會進場。你若擔心股價太高，不敢進
場，也沒問題，不要勉強自己。

三、大盤和 0050 的日 K 沒有同時小於 20，怎麼辦？

　　這種情形在 11 月 30 日曾出現過。當天 0050 的日 K 是 18，而

大盤則是 29。我的建議是你的資金很多，也不怕套牢，只要其中一個小於 20，就開始分批進場吧！

你的資金不多，等兩個都小於 20 再分批進場，應該更安全一點。

不過，這種情形如果是因為 0050 除息才造成的話，就請你用大盤的日 K 是否小於 20 來做判斷。

四、盤中日 K<20，但盤後日 K>20，該進場嗎？

這種情形也造成很多人的困擾。如果你有時間看盤，看到盤中出現日 K<20 的情形，當然可以進場。因為如果盤後日 K>20，代表大盤應該是開低走高，所以你可能真的買到最低點了。

不過，我還是希望大家專心工作，不要看盤，等收完盤、或是睡前再看。就算錯過盤中出現日 K<20 的機會，以往的經驗告訴我，未來幾天都還是有可能看到盤後日 K<20，屆時再進場也不遲。

五、什麼時候要將日 K<20 改成日 K<10，才能進場？

日 K<20 進場是大盤屬於「多頭市場」時的紀律，如果大盤進入「空頭市場」，就建議改成日 K<10 才進場。

何時要修正紀律？重點在怎樣認定「空頭市場」。技術分析派認為，指數（或股價）跌破季線（MA60）超過一個月（是三十個日曆天，不是三十個交易日），就確認進入空頭市場。

很多人一看到跌破季線，就以為進入空頭市場了，所以就改成

日 K<10 才進場，這樣太保守了，可能會錯過很多機會。

正確的做法是，當你看到日 K 小於 20 的那一天，算一算當天跌破季線幾天了？如果還沒滿三十天，請你還是按多頭市場的紀律「日 K<20 進場」。

如果超過了三十天，就要按照空頭市場的紀律，請你繼續等到日 K<10 才進場。

最後，還是要強調，甚至是聲明：任何紀律都不可能 100% 正確，請一定要做好「大不了套牢」的準備。

任何的紀律都是「當下」該遵行的。請切記，世上不可能有 100% 正確的紀律。如果有，誰還會賠錢呢？

49

人生理財大哉問

有了第一桶金，該買房，
還是該投資？

　　日前和闕又上老師上三立電視台的《錢進新世界》節目，和他在這個題目「如果現在有了第一桶金，該不該拿去買房？」上，有截然不同的看法，也引發了激烈的爭辯。因為節目上時間有限的關係，我無法暢所欲言，所以希望藉由這篇文章，再做詳細的說明。

　　在寫作之前，我在自己的粉絲專頁「樂活分享人生」中，清楚表達我認為該先買房的態度。原先以為會引來很多反對的聲浪，不過出乎意料，不只有幾千個讚，留言也幾乎都是支持我的看法。

　　既然題目是問「買房」，這裡的第一桶金應該不是以前大家認知中的 100 萬元，而應該至少是 200 萬元，甚至闕老師的定義更高，達到 300 萬元。

▍我的買房經驗

　　以下就拿自己的實例來做說明：

　　我在三十年前股市突破 12,000 點時，在台北市中正區買了

人生第一間房子，總價 1,000 萬元。三十年後，這間房子市價已達 3,000 萬元，漲了 200%，而台股指數三十年後來到 18,000 點，「只」漲了 50%。

我當時存到第一桶金之後，去買了房子，以上述的結果來看，絕對是正確的事。如果依闕老師，和很多反對買房的投資達人所言，繼續把錢拿去投資股票，就會面臨台股在一年後跌到 3,000 點以下的狀況，屆時股票資產直接減少 75%，恐怕永遠買不起房子了。

或許有人會反駁我，如果在 3,000 點時買股票，到了三十年後漲到 18,000 點，不就賺了 500%，比我的房子增值 200% 還多。以數學模型來看，似乎言之成理，但其中有兩大盲點：

一、一般人應該很難靠薪水及定存來累積到第一桶金，一定還必須靠股票投資來幫忙。如果指數來到 3,000 點以下，股票部分必然嚴重虧損，第一桶金恐怕都要打了對折以上，哪還有條件思考「要不要買房？」

二、大盤指數漲 500%，但有多少人三十年能賺到這種報酬率？即使能賺到我的房子增值幅度 200%，可能都已經是鳳毛麟角，甚至很多人一輩子在股市都從來沒有賺過錢呢！為何你這麼有把握自己可以做到？

房地產的增值是「確定的事實」，但投資報酬率卻是「不切實際的想像」。

我在 2016 年買了第二間房，目前增值 40%，確實比不上同一期間，股市從 8,000 點漲到 18,000 點的漲幅 125%。不過，2020 年初，因為新冠肺炎帶來的恐慌，股市指數曾從 12,000 點跌到 8,500 點，跌了近 30%，但這間房子的市價幾乎沒有下跌過，頂多持平而已。

關老師並不反對買房，只是認為第一桶金仍該繼續投資，累積更多財富之後再買房。

現在的指數是 18,000 點，你該繼續投資，還是拿去買房？你若支持前者，就是認為未來股市的漲幅會超過房市的漲幅，你才可能未來仍買得起房。但我還是想問你同樣的問題：「你確定你投資股票一定會賺錢嗎？」或是即使你有賺錢，「你的總投資報酬率能超過每年房地產的漲幅嗎？」

我認為，大家對自己的投資報酬率都太有自信了。為什麼你相信自己就是那個能在股市獲利的少數一、兩成人呢？

我對台股未來走勢相對悲觀，再漲空間有限，下跌機會反而比較大。若真如我所預測，股市跌幅一定比房市跌幅大，屆時可能就沒有第一桶金了！要更久以後才能買房了。

買房頭期款當然必須靠「投資」來加速累積，但現在房貸利率這麼低，未來要繳的銀行房貸，真的靠「薪資」就夠了。現在每月要繳的房貸金額，已經約略等於房租支出，所以絕對不可

能繳不起。

是買房,還是租房?差別只在於你有沒有頭期款?既然這個題目在問「如果現在有了第一桶金之後」,所以你目前顯然符合這個狀況!如果還沒有,你也可以將這篇文章,做為未來符合資格後的參考。

很多人會說,如果買了房子,把第一桶金用完,然後每個月繳了房貸,就沒有錢可以投資了。我同意剛開始會有這個情形,但是難道你工作這麼不認真,以後就不會加薪,或是被同業挖角嗎?

還有人說,萬一被裁員,繳不出房貸,連房子都沒有了。這已經不是「投資」的問題,而是「工作能力」的問題。大家該多多努力加強自己在工作上的本職學能,建立自己不會被他人取代的職場優勢才對,而不是本末倒置,認為只要自己「會」投資就不怕了。請注意,「你會投資」並不代表「你會賺錢」。

最後再提醒一次,**房子是確實存在的,股票賺錢只是可能**而已。

「你確定你投資股票一定會賺錢嗎?」或是即使你有賺錢,「你的投資報酬率能超過每年房地產的漲幅嗎?」

50

現在可以進場了嗎？

台積電會漲到 1,000 元嗎？

　　去年 11 月，和闕又上老師一起上《雲端最有錢》線上直播節目，當時台積電股價還不到 400 元，他鐵口直斷，會看到 600 元。今年初，真的看到了。日前又和他上節目，他這次說，台積電六年內會看到 1,000 元。真的會嗎？

　　當天主持人也問我的看法。我這次不敢再說「我不知道」，只好改口說「聽闕老師的話」。各位或許也想問，這就代表我認同他的看法嗎？

▌我「聽」他的話

　　我說「聽」他的話，可不是說「同意」他的話。我的意思是說，聽聽他的觀點，再來決定要不要接受他的說法。

　　那麼，我聽完他的說法，是否也同意台積電六年內能看到 1,000 元呢？

　　即使他上次說會看到 600 元，事後證明是對的，我還是對這種說法秉持「沒意見」的態度。

　　關鍵就在於類似這種目標價的說法，都必須根據某種假設：

「如果怎樣怎樣」，股價就會如何如何。

這一次關老師說「如果台積電的每年盈餘成長率為 12%」，六年後就會看到 1,000 元。他還說，很多外資報告對台積電每年盈餘成長率的估計是 16%，他已經打了折扣，是用更保守的估計來計算了。

如果達不到 12%，那麼台積電要看到 1,000 元以上，就要再往後延幾年。不過，他還是堅信台積電總有一天會上看 1,000 元。

換句話說，「如果怎樣怎樣」後來並未發生，你就不能怪當初專家的看法。

大家在媒體上，也經常看到他們引述某某專家，或是某一家外資的研究報告，說某某股票股價上看多少元。這些預測也都是必須建立在他們的假設上。一旦假設不成立，他們就能推翻所有原先的預測。這種目標價的預測，對投資人有什麼意義呢？

▌報酬率試算

如果你同意台積電有一天一定會到 1,000 元，你願意現在「立刻」進場嗎？如果現在買在 600 元，而正如關老師所言，六年內能看到，除了 400 元價差，再加上每年 10 元的股息，你的投資報酬率就能高達 77%，平均一年近 13%，難道不好嗎？

$$400 + 10 \times 6（年）= 460$$

$$460 \div 600 = 77\%$$

77% ÷ 6 = 13%

就算必須十年才看到，平均一年報酬率也超過 8%，難道不好嗎？（算式同上，但股息要算十年，共 100 元）

只要你現在不願意進場，其實就代表你並不相信，不是嗎？

有多少人聽了關老師的話，就敢進場呢？我認為應該不多吧？

我當然也希望看到台積電股價超過 1,000 元，但我的假設跟他的不一樣。

買台積電不如買 0050

以上這種看法早就在市場上盛傳很久了，但台積電的股價還是毫無激情。現在的股價，至少還要再漲 13%，才能回到年初的最高價 679 元。台股在這段期間，可是漲了 20% 以上喔！

我認為至少要回到 679 元，證明大家願意認同對台積電未來每年盈餘成長率的預估，才真的有機會看到 1,000 元。

話說回來，難道台積電股價無法上看 1,000 元，就不值得投資了嗎？我認為，這才是重點。

我相信它還是值得投資，正如有一位網友在我的臉書粉絲專頁「樂活分享人生」上所寫的「他會持續用定期定額買進台積電。」這時，你又何必管它會不會上看 1,000 元呢？

還有網友說他情願買 0050，因為台積電真的漲到 1,000 元時，0050 也會跟著漲啊！就算台積電像這段期間都不漲，0050 還是會

跟著大盤漲啊！這時，也無須判斷關老師講的對不對了。

這些預測也都是必須建立在他們的假設上。一旦假設不成立，他們就能推翻所有原先的預測。這種目標價的預測，對投資人有什麼意義呢？

51

殖利率 5% 金融股 vs. 高股息 ETF

該買兆豐金，還是 0056 ？

　　會買兆豐金的投資人，和會買 0056 的投資人，應該都是著眼於它們的穩定配息，並做為存股標的。不過，近來兆豐金脫離牛皮走勢，穩步走高，漲幅還略優於 0056，所以到底該買兆豐金，還是 0056 呢？

　　以 10 月底到 12 月 24 日的股價表現來比較，兆豐金從 33.4 元漲到 35.5 元，漲幅為 6.3%，而 0056 則從 31.45 元漲到 33.29 元，漲幅為 5.9%。

　　若從股息殖利來做比較，兆豐金今年 2021 年配息 1.58 元，12 月 24 日收盤 35.5 元，股息殖利率為 4.5%，而 0056 今年 2021 年配息 1.8 元，12 月 24 日收盤 33.29 元，股息殖利率為 5.4%。

　　從近期股價漲幅來看，應該買兆豐金；從股息殖利率來看，應該買 0056。到底該買哪一支呢？

　　兩者的股價漲幅和股息殖利率雖然有差，但差異並不算大。該怎麼選？我認為該看的不是這些「數字」，而是你自己的「狀況」。

■ 什麼人該買兆豐金？

一、如果你從來沒買過股票，對於 0056 一知半解，甚至以往買基金曾有過慘痛經驗，根本不清楚 ETF 這種「被動式基金」和一般「主動式基金」有何不同，就別勉強自己，買兆豐金就好了。

二、如果你曾看過有人說 0056「曾經」沒有配息、「未來」也有可能不配息，而你也不想去了解的話，別讓自己處於焦慮中，就買兆豐金吧！

三、如果你相信兆豐金控絕對不會倒閉，每年都有穩定配息，而你又擔心 0056 會不會像其他 ETF 一樣有可能下市，或是擔心發行 0056 的元大投信倒閉可能會讓你買的 0056 血本無歸，那還是買兆豐金比較安心吧！

四、如果你擔心 0056 的成分股會影響股價，例如最近納入備受爭議的長榮、友達等股票，也認為未來仍有可能必須擔心這些狀況，就應該買不會發生類似事情的兆豐金，因為它是單純的「個股」，不是會變動成分股的「基金」。

■ 什麼人該買 0056 ？

一、如果你在選股上一直很焦慮，甚至連買兆豐金這種幾乎非

常安全的股票，都擔心會有突發利空，那就應該買無須再選股，而且風險已經分散的 0056。

二、如果你了解，「現在只要成分股有配息，0056 就會配息」，而且「萬一 0056 不能配息，台股大概也找不到股票會配息」，0056 當然是你存股的首選。

三、如果你相信，現在資產規模超過 1,000 億元的 0056，不可能在未來縮小到 1 億元以下而會被勒令下市的話，當然可以放心買 0056。

四、如果你認為，0056 的股價絕對不會跌到發行價的 1/10，也就是 2.5 元以下而會被勒令下市的話，也當然可以放心買 0056。萬一真有這麼一天，它的股價跌到 2.5 元以下，屆時台股大概只剩 1,500 點了。

五、如果你了解，萬一元大投信倒閉，但因為依政府規定，0056 必須被保管在銀行，所以你的權益完全不會受到影響，就可以安心買 0056。

六、如果你不擔心未來 0056 在成分股上的任何變動，只求「無腦」投資，當然就只需要買 0056。

　　我當然不是說，只能在兆豐金和 0056 二者之間擇一。只要是股息殖利率在 5% 左右的金融股，或強調台股高股息的 ETF，都是你可以考慮的標的。我用兆豐金和 0056 來解釋，只是因為它們最具代表性。

　　萬一你還是舉棋不定，那麼我認為最好的方法就是，兩個都買吧！因為「小孩子才做選擇，我兩個都要」。

我當然不是說，只能在兆豐金和 0056 二者之間擇一。只要是股息殖利率在 5% 左右的金融股，或強調台股高股息的 ETF，都是你可以考慮的標的。

52

年末投資成績大考核

2021/12/30

你給今年的投資績效打幾分？

　　來到 2021 年的最後一個交易日，你今年在股市投資是賺，還是賠？我希望所有的讀者今年都是賺錢的，因為我只買 0050、0056，無論是長期持有，或波段操作，都不可能會賠。如果你結算還是賠錢的話，一定是「個股」惹的禍。賺錢，別以為可以給自己打 100 分，賠錢也不至於是 0 分。以下就是我提供的績效分數表：

▌分數評比

　　我先來說及格分數 60 分，是怎麼樣的績效？

60 分

　　你今年的報酬率如果超過 3%，至少打敗通貨膨脹率，也就確定你的總資產並沒有因實質購買力下降而減少。這時，你今年的投資績效至少是及格的。

50 分

　　如果你今年只賺 1%，只贏了銀行定存利率，千萬別沾沾自

喜，我認為這樣還是不及格，只能得 50 分。定存利率約 0.8%，如果你忙了一年，只贏定存利率 0.2%，又何必這麼辛苦呢？

40 分

如果你今年剛好打平，賺很少或賠不多，只能得 40 分。或許這樣已經打敗八、九成都是虧錢收場的股市投資人，但如果連 0.8% 都沒有，豈不白忙一場？還不如乾脆存定存，還比較省心一些。

30 分

如果你今年是賠錢的，也不至於要打 0 分，這還是有分幾種狀況。雖然你投資賠錢，但如果還有一份穩定的薪資收入，結算下來，並沒有把你的薪資收入賠光，也就是說你今年整體資產還是增加的，就可以給自己至少打 30 分。

20 分

你今年投資不只賠錢，還把辛苦工作賺來的薪水也賠光，這時就是 20 分了。不過，好在只是今年什麼都沒賺到，至少「留得青山在，不怕沒柴燒」，還不算最慘的。

10 分

如果你不只賠掉今年的薪水，還賠掉以往的部分積蓄，使你累積的總資產不增反減，那真的要給自己打 10 分，讓自己痛定思

痛，明年絕不可以再這麼投機了！

0 分

這種狀況是指你不只賠光了所有以往累積的財富，甚至還因此背了債務。衷心希望所有的讀者，都不會有這種最悲慘的下場。

如果你買的是每年都有穩定配息，而且都能填息的股票，你就絕對不只及格而已。

70 分

你今年的投資報酬率超過 5%，就可以給自己打 70 分。其實在台灣股市要拿到 70 分，非常簡單。只要你買的是股息殖利率幾乎都有 5% 的金融股，不就達標了嗎？但是大多數人都自以為透過賺價差，就可以有超過 5% 的報酬率，結果最後都只有 30 分以下的成績。

80 分

打敗 0056 的報酬率，你就值得 80 分的高分。今年你只要抱牢 0056，就可以賺到 18.1% 的報酬率。今年 0056 從 29.95 元漲到 33.58 元，加上配息 1.8 元，報酬率就有 18.1%！買 0056 完全無須用腦，就有這種績效了，你何苦還要堅持「選股」呢？

90 分

　　打敗 0050 的報酬率，恭喜你可以得到 90 分。今年你也只要抱牢 0050，根本不必賺價差，就可以賺到 21.8% 的報酬率。今年 0050 從 122.25 元漲到 145.5 元，加上配息 3.4 元，報酬率就有 21.8%！買 0050，並長期持有，同樣無須用腦，就有這種績效。如果你掌握高低點進出，今年應該不止這個報酬率，你的分數可以更高，甚至有機會 100 分。

100 分

　　今年大盤從 14,732 點漲到 18,218 點，漲幅是 23.7%。你如果今年能打敗大盤的漲幅，當然就可以得滿分 100 分，當然也值得大大的恭喜！

　　不過，俗話說得好：「往者已矣，來者可追。」不管你今年得幾分，都在此祝福大家明年從賺 5%，也就是 70 分的基礎上，努力往更高分邁進。其實非常簡單，就是不要再選股了，直接買 0050、0056 或類似的 ETF 吧！

　　我希望所有的讀者今年都是賺錢的，因為我只買 0050、0056，無論是長期持有或波段操作，都不可能會賠。

國家圖書館出版品預行編目（CIP）資料

ETF 實戰週記：樂活大叔的 52 個叮嚀 / 施昇輝著 . -- 初版 . -- 臺北市：城
邦文化事業股份有限公司商業周刊 , 2022.01
224 面 ;17x22 公分

ISBN 978-986-5519-99-5(平裝)
1. 股票投資 2. 投資技術 3. 投資分析
　563.53　　　　　　　　　　　　　　　　　　　110020094

ETF實戰週記:樂活大叔的52個叮嚀

作者	施昇輝
商周集團執行長	郭奕伶
視覺顧問	陳栩椿
商業周刊出版部	
總編輯	余幸娟
責任編輯	盧珮如
封面設計、內頁排版	賴維明
封面攝影	郭涵羚
出版發行	城邦文化事業股份有限公司-商業周刊
地址	115020 台北市南港區昆陽街16號6樓
	電話 :(02)2505-6789　傳真:(02)2503-6399
讀者服務專線	(02)2510-8888
商周集團網站服務信箱	mailbox@bwnet.com.tw
劃撥帳號	50003033
戶名	英屬蓋曼群島商家庭傳媒股份有限公司城邦分公司
網站	www.businessweekly.com.tw
香港發行所	城邦(香港)出版集團有限公司
	香港灣仔駱克道193號東超商業中心1樓
	電話:(852)25086231傳真:(852)25789337
	E-mail:hkcite@biznetvigator.com
製版印刷	中原造像股份有限公司
總經銷	聯合發行股份有限公司 電話:(02)2917-8022
初版一刷	2022年1月
初版26刷	2024年4月
定價	380元
ISBN	978-986-5519-99-5
電子書檔案格式	PDF、EPUB

藍學堂

學習・奇趣・輕鬆讀